中华古韵美

主编　郅广武
编委　刘杰　刘娟

河南科学技术出版社
·郑州·

图书在版编目（CIP）数据

中华古韵美 / 郅广武主编．—郑州：河南科学技术出版社，2020.12
ISBN 978-7-5349-9447-0

Ⅰ．①中… Ⅱ．①郅… Ⅲ．①中华文化－教学研究－中学－文集
Ⅳ．①G633.302-53

中国版本图书馆CIP数据核字（2019）第282183号

出版发行：河南科学技术出版社
地址：郑州市郑东新区祥盛街 27 号　　邮编：450016
电话：（0371）65737028　65788630
网址：www.hnstp.cn
策划编辑：孙　珺
责任编辑：孙　珺
责任校对：耿宝文
封面设计：张　伟
责任印制：朱　飞
印　　刷：河南文华印务有限公司
经　　销：河南省新华书店
开　　本：787 mm × 1092 mm　1/16　印张：7.5　字数：200 千字
版　　次：2020 年 12 月第 1 版　2020 年 12 月第 1 次印刷
定　　价：25.00 元

▶ ▷ ▶ 序 言 ◀ ◁ ◀

中华文化源远流长。在我们所知的四大文明古国中，古代中国是唯一一个文化传承有序、历史经久不衰的国度。在长达五千年的漫漫历史长河中，中华文化展现出了自己独特的美。

这种美，表现在书法中。1899年，王懿荣在中药“龙骨”上发现的甲骨文，是迄今为止最早的书法样式。因其工具和载体的特殊性，甲骨文呈现出瘦硬、峻峭的特征。尔后，由于审美的成熟和书写载体的变化，书风由金文、小篆、隶书、草书、行书、楷书一路行来，名作迭起，精彩纷呈。

这种美，表现在绘画中。仰韶的陶器图案、贺兰山的岩画，是中国绘画的雏形，但此时并没有明显的中国特色。随着朝代的发展，中国绘画逐渐展现出自己独特的魅力，浓淡干湿、点染勾皴，吴带当风、米点含雨，或层峦叠起、古木参天，或烟波弥漫、渔舟横渡，中国的画家们在笔墨绢帛中抒发着对自然的敏锐感受、对文化的细微理解。

这种美，表现在诗歌中。从“断竹，续竹，飞土，逐宍”的简洁生动，到“日出而作，日入而息，凿井而饮，耕田而食”的闲适自然，从在河之洲关关而鸣的雎鸠，到洞庭湖畔洁净芬芳的香草，从“绣口一吐就是半个盛唐”的李白，到“文如万斛泉源，不择地皆可出”的苏轼，一直以来，我们用诗歌表达对生活的热爱、对理想的追求，用诗歌展现美好的爱情、坚贞的信念。

这种美，表现在文章中。无论是先秦诸子的著作，还是宋明大家的散文，字里行间充溢的是对自然的赞颂、对生命的思考，是清明的迷离细雨，是深秋的晶莹寒霜，是《战国策》的辩才无碍，是《庄子》的汪洋恣肆，是“为往圣继绝学”的张载，是知行合一、“三不朽”的王阳明，是“焉哉乎也”形成的特有韵律，是“拗过来拗过去”的诵读姿态。

这种美，还表现在器物中。既有古朴简练的玉琮、端庄厚重的后母戊，又有造型优美的宋官窑、精雕细琢的黄花梨。既有巍巍而立望之生畏的明清紫禁城，又有憨态可掬见之可喜的赵州桥石狮子。更遑论浸润在中华文化中的歙砚湖笔、汉印秦封。

这种美，当然更表现在音乐中。“宫商角徵羽”的五声调式具有鲜明的中国特色，她展现出来的诸多曲目也是让世人了解中国的工具。其中，有优美流畅、清丽淡雅的《春江花月夜》，有曲音清幽、音节舒畅的《梅花三弄》，而“巍巍乎志在高山，洋洋乎志在流水”的《高山流水》则成了知音难觅的代名词。用来演奏这些乐曲的乐器，也具有鲜明的中国风格。清微淡远的古琴、如怨如慕的洞箫、古奥悠远的陶埙，都从一定程度上折射着中华古韵之美。

中华古韵，是五千年文明孕育出的珍珠，是华夏精神不绝如缕的传承，是全球炎黄子孙共同的记忆，是父母在儿女耳边时刻的叮咛。她让你温良恭俭，守信知礼；让你诗书满腹，气质丰华；让你“思接千载，神游万仞”；让你头脑澄澈，智虑周详。

中华古韵，让你坚定文化的根源，让你无论境遇顺逆，都能获得内心平静的力量。

是为序。

郅广武

2020 年 3 月

目 录

第一篇 文字源流

第二篇 音韵格律

第三篇　哲学常识

第一篇　文字源流

导论

第一节　汉字的来历与起源

汉字是世界上使用时间最久、使用人数最多的文字之一。汉字的创制和应用不仅推进了中华文化的发展，而且对世界文化的发展产生了深远的影响。

从仓颉造字的古老传说到 100 多年前甲骨文的发现，历代中国学者一直致力于揭开汉字起源之谜。

最近几十年，中国考古界先后发布了一系列较殷墟甲骨文更早、与汉字起源有关的出土资料。这些资料主要是指原始社会晚期及奴隶社会早期出现在陶器上面的刻画或彩绘符号，另外还包括少量的刻写在甲骨、玉器、石器等载体上面的符号。可以说，它们共同为解释汉字的起源提供了新的依据。

山东大汶口文化出现的刻画符号

通过系统考察、对比遍布中国各地的 19 种考古学文化的 100 多个遗址里出土的陶片上的刻画符号，郑州大学教授王蕴智认为，中国最早的刻画符号出现在河南舞阳贾湖遗址，距今已有 8000 多年的历史。

在距今大约 6000 年的半坡遗址等地方，已经出现刻画符号，共 50 多种。它们整齐规范，并且有一定的规律性，具备了简单文字的特征，学者们认为这可能是汉字的萌芽。

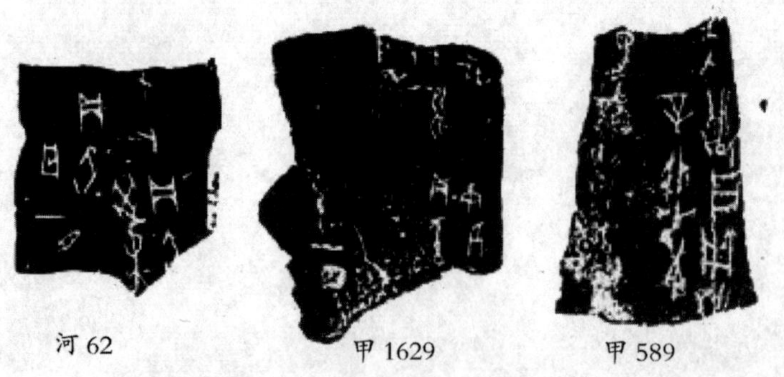

舞阳贾湖龟甲刻画符号及卜辞拓片

汉字成为系统的文字是在公元前 16 世纪的商代。考古证实，在商代早期，中国文明已发展到相当高的水平，其主要特征之一就是甲骨文的出现。甲骨文是刻在甲骨（龟甲

和兽骨）上的古老文字。在商代，国王在做任何事情之前都要占卜，甲骨就是占卜时的用具。

甲骨在使用之前，要先经过加工。首先把甲骨上的血肉除净，接着将甲骨锯削磨平。然后，在龟甲的内面或兽骨的反面用刀具钻凿凹缺。这些凹缺的排列是有序的。占卜的人（或者称巫师），把自己的名字、占卜的日期、要问的问题都刻画在甲骨上，然后用火灶烧甲骨上的凹缺。这些凹缺受热出现的裂纹就称为“兆”。巫师对这些裂纹的走向加以分析，得出占卜的结果，并把占卜是否应验也刻到甲骨上。经过占卜应验之后，这些刻有卜辞的甲骨就成为一种官方档案被保存下来。

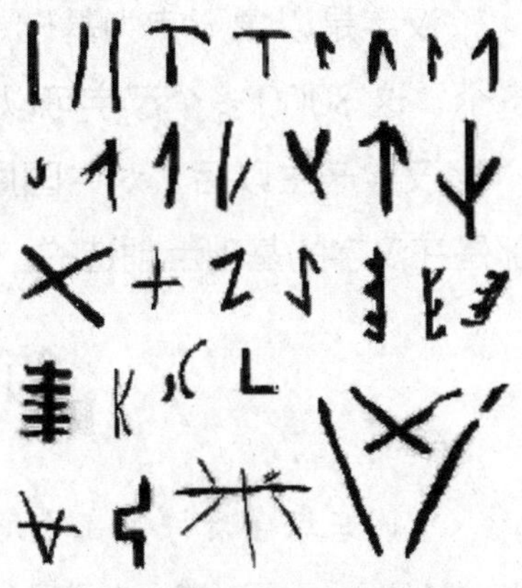

半坡遗址出现的刻画符号

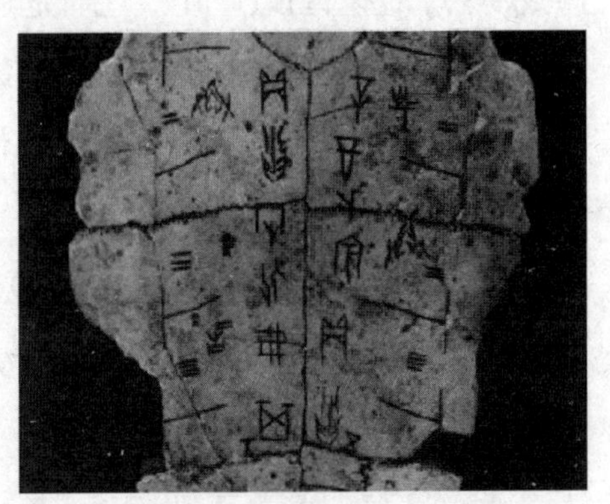

河南殷墟出土的甲骨文

汉字的演变过程是汉字字形、字体逐步规范化、稳定化的过程。小篆使每个字的笔画数固定下来；隶书构成了新的笔形系统，字形渐成扁方形；楷书诞生以后，汉字的字形、字体就稳定下来，确定了“横、竖、撇、点、捺、挑、折”的基本笔画，笔形得到了进一步的规范，各个字的笔画数和笔顺也固定下来。1000 多年来，楷书一直是汉字的标准字，总数约有 10000 多个。

汉字演变示例

	鱼	鸟	羊
甲骨文			
金文			
小篆			
隶书	魚	鳥	羊
草书	鱼	鸟	羊
楷书	魚	鳥	羊

汉字是以象形字为基础、以形声字为主体的表意文字体系，其中最常用的有 3000 多个。这 3000 多个汉字可以组成无穷多的词组，进而组成各种各样的句子。

汉字产生以后，对中国周边国家产生了深刻影响。日本、越南、朝鲜等国家的文字都是在汉字的基础上创造的。

第二节　汉字的构造方法

中国东汉学者许慎在《说文解字》中记曰："《周礼》：八岁入小学，保氏教国子，先以六书。一曰指事。指事者，视而可识，察而见意，'上''下'是也。二曰象形。象形者，画成其物，随体诘诎，'日''月'是也。三曰形声。形声者，以事为名，取譬相成，'江''河'是也。四曰会意。会意者，比类合谊，以见指挥，'武''信'是也。五曰转注。转注者，建类一首，同意相受，'考''老'是也。六曰假借。假借者，本无其字，依声托事，'令''长'是也。"

许慎的解说，是历史上首次对六书定义的正式记载。后世对六书的解说，仍以其为核心。

一、象形

象形属于"独体造字法"。用文字的线条或笔画，把要表达物体的外形特征，具体地勾画出来。例如"月"字像一弯月亮的形状，"龟"字像一只龟的侧面形状，"马"字就像是一匹有鬃和腿的马的形状，"鱼"字像一尾有鱼头、鱼身、鱼尾的游鱼的形状，"艸"（草的本字）字像两束草的形状，"门"字就像左右两扇门的形状，而"日"字很像我们在直视太阳时所看到的形态。

二、指事

指事属于"独体造字法"。与象形的主要区别在于指事字含有绘画中较抽象的东西。例如"刃"字是在"刀"的锋利处加上一点，以作标示；"凶"字则是在陷阱处加上交叉符号；"上""下"二字则是在主体"一"的上方或下方画上标示符号；"三"则由三横来表示。这些字的笔画都有较抽象的部分。

三、形声

形声属于"合体造字法"。形声字由两部分组成：形旁(又称"义符")和声旁(又称"音符")。形旁是指示字的意思或类属，声旁则表示字的相同或相近发音。例如："樱"字形旁是"木"，表示它是一种树木；声旁是"婴"，表示它的发音与"婴"字一样。“篮”字形旁是“竹”，表示它是竹制物品；声旁是“监”，表示它的发音与“监”字相近。“齿”字的下方是形旁，画出了牙齿的形状；上方的“止”是声旁，表示这个字的相近读音。

四、会意

会意属于“合体造字法”。会意字由两个或多个独体字组成，以所组成的字形或字义，来表达此字的意思。例如：“酒”字以酿酒的瓦瓶“酉”和液体“水”合起来表达字义；“解”字的剖拆字义，是以用“刀”把“牛”和“角”分开来表达；“鸣”指鸟的叫声，于是用“口”和“鸟”组合而成。

五、转注

转注属于“用字法”。不同地区因为发音不同及地域上的隔阂，对同样的事物会有不同的称呼。当这两个字是用来表达相同的东西且词义一样时，它们会有相同的部首或部件。例如：“考”和“老”二字，本义都是“长者”；“颠”和“顶”二字，本义都是“头顶”；“窍”和“空”二字，本义都是“孔”。这些字有着相同的部首（或部件）及解析，读音上也有音转的关系。

六、假借

假借属于“用字法”。原来没有表达某一语义的字，从现有的字中“借用”一个。比如：“北”，原本表达“二人相背”之意，后来被借用为方位词，原来的字义则用新造的“背”字来表示；“莫”，原本表达“日落草间”之意，后被借用为表示“不要”的意思，原来的字义则由新造的“暮”字来表示。

在甲骨文、金文中，象形字占大多数。这是因为画出事物是一种最直接的造字方法。然而，当文字发展下去，要仔细分工的东西愈来愈多，好像“鲤”“鲮”“鲩”“鳅”等事物，都是鱼类，难以用象形的造字方法，仔细地把它们的特征和区别画出来。于是，形声字就成了最方便的方法，只要用形旁“鱼”就可以交代它们的类属，再用相近发音的声旁来区分这些字。到了近代，有 80% 的汉字是形声字。

第一章　汉字与身体

我们的祖先在观察事物的时候，能够敏锐地把握事物的主要特征并用简洁的线条表现出来。我们观察汉字结构时尤其应如此。

第一节　整体外观

一、自我感知

观察下面文字，从字形、结构判断它们是什么字，表达什么意思。

汉字：（　）　（　）　（　）　（　）　（　）

意思：＿＿＿　＿＿＿　＿＿＿　＿＿＿　＿＿＿

汉字：（　）　（　）　（　）　（　）　（　）

意思：＿＿＿　＿＿＿　＿＿＿　＿＿＿　＿＿＿

二、合作共享

你还知道哪些跟人体有关的汉字？试着把它们写出来，分析它们的构造特点以及字面意思。

第二节　头部五官

一、自我感知

观察下面文字，从字形、结构判断它们是什么字，表达什么意思。

汉字：（　）（　）（　）（　）（　）（　）（　）

意思：______ ______ ______ ______ ______ ______ ______

汉字：（　）（　）（　）（　）（　）（　）（　）

意思：______ ______ ______ ______ ______ ______ ______

二、合作共享

你还知道哪些跟五官有关的汉字？试着把它们写出来，分析它们的构造特点以及字面意思。

第三节　手、足

一、自我感知

观察下面文字，从字形、结构判断它们是什么字，表达什么意思。

汉字：（　）（　）（　）（　）（　）

意思：______ ______ ______ ______ ______

汉字：（ ）（ ）（ ）（ ）（ ）

意思：______ ______ ______ ______ ______

二、合作共享

你还知道哪些跟人体有关的汉字？试着把它们写出来，分析它们的构造特点以及字面意思。

第二章　汉字与生活

在我们的日常生活中，衣、食、住、行琐碎而重要。这几件事占据了我们绝大多数时间。对我们的祖先来说也是如此。从许许多多的汉字中，我们似乎能够看见祖先们生活的细节并且感受到他们对生活的无比热爱。

在日常生活之外，则是无休止的争端和庄严肃穆的祭祀仪式。这两件事同样是祖先们要关注的，在造字时有明显的体现。

第一节　衣

一、自我感知

观察下面文字，从字形、结构判断它们是什么字，表达什么意思。

汉字：（　）　（　）　（　）　（　）　（　）

意思：______　______　______　______　______

汉字：（　）　（　）　（　）　（　）　（　）　（　）

意思：______　______　______　______　______　______

二、合作共享

你还知道哪些跟衣服有关的汉字？试着把它们写出来，分析它们的构造特点以及字面意思。

第二节 食

“一日开门七件事，柴米油盐酱醋茶。”吃饭是我们生活中的大事。祖先在吃饭的同时，也在观察、记录着自己的吃饭过程，其观察之细致、记录之详细，让人叹为观止。

一、自我感知

观察下面文字，从字形、结构判断它们是什么字，表达什么意思。

汉字：（　）（　）（　）（　）（　）（　）
意思：______ ______ ______ ______ ______ ______

汉字：（　）（　）（　）（　）（　）（　）
意思：______ ______ ______ ______ ______ ______

二、合作共享

你还知道哪些跟食有关的汉字？试着把它们写出来，分析它们的构造特点以及字面意思。

第三节 住和行

从原始洞穴到摩天大楼，住房一直都是我们生活的重点。而随着人口的迁移、聚集，走亲访友的路途也随之延长。在居住和出行的过程中，又将诞生哪些有意思的汉字呢？

一、自我感知

观察下面文字，从字形、结构判断它们是什么字，表达什么意思。

汉字：（　）（　）（　）（　）（　）

意思：______ ______ ______ ______ ______

汉字：（　）（　）（　）（　）（　）（　）

意思：______ ______ ______ ______ ______ ______

二、合作共享

你还知道哪些跟住和行有关的汉字？试着把它们写出来，分析它们的构造特点以及字面意思。

第四节　战争和礼仪

战争是残酷的，礼仪是庄严的。正是因为如此，先民也就更能抓住这两件事的精髓所在，创造出独具特色的汉字来。

一、自我感知

观察下面文字，从字形、结构判断它们是什么字，表达什么意思。

汉字：（　）（　）（　）（　）（　）（　）

意思：______ ______ ______ ______ ______ ______

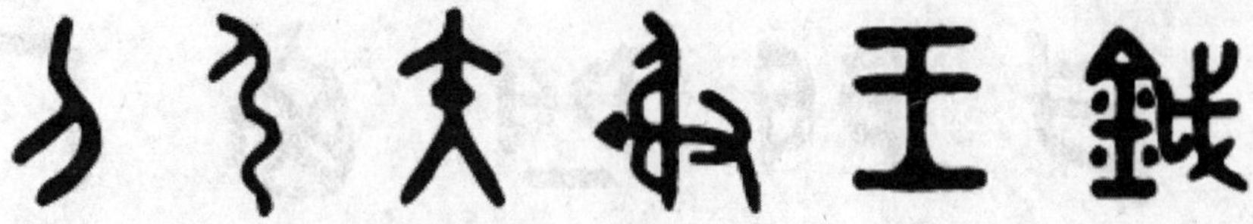

汉字：（ ） （ ） （ ） （ ） （ ） （ ）

意思：______ ______ ______ ______ ______ ______

汉字：（ ） （ ） （ ） （ ） （ ）

意思：______ ______ ______ ______ ______

汉字：（ ） （ ） （ ） （ ） （ ）

意思：______ ______ ______ ______ ______

二、合作共享

你还知道哪些跟战争和礼仪有关的汉字？试着把它们写出来，分析它们的构造特点以及字面意思。

第三章　汉字与自然

自然界是多姿多彩的。我们的祖先在享受生活的同时，也在仔细地观察着自然，并试图通过文字创造的形式解释自己观察到的现象，从而促进了更加奇妙的汉字的诞生。

第一节　自然景观

一、自我感知

观察下面文字，从字形、结构判断它们是什么字，表达什么意思。

汉字：（　）（　）（　）（　）（　）（　）

意思：______ ______ ______ ______ ______ ______

汉字：（　）（　）（　）（　）（　）（　）

意思：______ ______ ______ ______ ______ ______

二、合作共享

你还知道哪些跟自然景观有关的汉字？试着把它们写出来，分析它们的构造特点以及字面意思。

第二节　动物、植物

一、自我感知

观察下面文字，从字形、结构判断它们是什么字，表达什么意思。

汉字：（　）（　）（　）（　）（　）（　）

意思：______ ______ ______ ______ ______ ______

汉字：（　）（　）（　）（　）（　）（　）

意思：______ ______ ______ ______ ______ ______

汉字：（　）（　）（　）（　）（　）（　）

意思：______ ______ ______ ______ ______ ______

二、合作共享

你还知道哪些跟动物、植物有关的汉字？试着把它们写出来，分析它们的构造特点以及字面意思。

第二篇　音韵格律

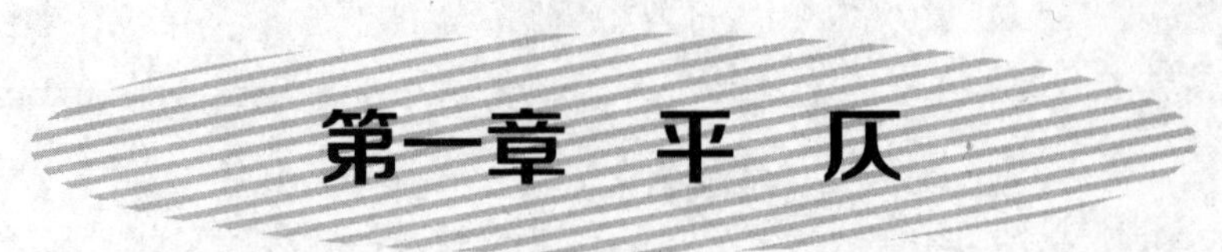

第一章 平 仄

第一节 平仄入门

我们在读古诗，尤其是律诗的时候，会明显感觉到诗句“抑扬顿挫”，音韵优美。其中，“抑扬顿挫”的产生正是诗人善用平仄规律的结果。

所谓平仄，就是每一个字，都有平、上、去、入四声之分。不属于平声的，就是仄声。怎样叫平声，又怎样才叫仄声呢？原来中国自东晋以后，人们作诗作文，都非常讲究声调。齐代的周颙和梁代的沈约，都在这一方面著有专书，把每一个字的声调分为平、上、去、入四声。明代释真空的《玉钥匙歌诀》曰：

平声平道莫低昂，

上声高呼猛烈强，

去声分明哀远道，

入声短促急收藏。

其中，平就是平声，上、去、入则为仄声。

但在普通话四声中，入声已经消失，现在只在部分方言中得以保留。剩下的“平、上、去”中，把平声细分为阴平和阳平。这样，现在的四声就是阴平、阳平、上声、去声。对应普通话的声调就是一声（阴平）、二声（阳平）、三声（上声）和四声（去声）。其中，阴平、阳平属于平声，上声、去声属于仄声。

在新的平仄体系中，有人又编写了新的调型口诀：

调型口诀（一）

起音高高一路平，由中到高往上升。

先降后升曲折起，高起猛降到底层。

调型口诀（二）

阴平高高莫低昂，阳平从中往上扬。

上声先降尾再起，去声从高向下降。

当然，由于古今语音的变化，我们在欣赏古诗的时候，自然会出现一些平仄上的偏差，造成音韵上的不和谐。比如王翰的《凉州词》中有一句诗："醉卧沙场君莫笑，古来征战几人回？"按照平仄的规范，应该是"仄仄平平平仄仄，平平仄仄仄平平"。其中的"场"应读作"cháng"才符合当时的平仄规范，但现在我们一般读作"chǎng"，这就会造成音韵上的不协调。

了解了平仄，我们就来探求一下古诗中的音韵美吧。

第二节　平仄初探

一、平仄规律

分析杜甫的《月夜忆舍弟》一诗中的平仄，看看有什么规律。

戍鼓断人行，边秋一雁声。露从今夜白，月是故乡明。
有弟皆分散，无家问死生。寄书长不达，况乃未休兵。

人们说，杜甫的诗严谨，这不仅指其笔法、意境而言，并且和其格律有关。请看，上面这首诗的对仗是多么工整，而平仄又是多么谨守不易，所以，读来声调铿锵，不同凡响。

不过，有些时候，我们在拿平仄规律去分析一些律诗的时候，会发现某些字并没有严格遵照平仄规律，但读起来依然朗朗上口。原来，在固定的格律之外，还有另一条规律在指导着诗人的创作，那就是"一、三不论，二、四分明"。如果是七言律诗，就是"一、三、五不论，二、四、六分明"。这就和我们欣赏音乐时重音要有规律一样，诗句的重音部分如第二、四、六字要严格遵照规律，而非重音部分如第一、三、五字则可以稍有出入。这样既保证了诗句的音韵美，又不至于让诗人束手束脚，陷入死板的规则中不能自拔。

二、平仄禁忌

我们已经知道，律诗、绝句虽受一定的平仄规律限制，但是，一般仍有一个通融的规律，那就是"一、三、五不论，二、四、六分明"。意思是说单数的字，无论在五言、七言中，都可以变通，不必一定严守平仄，但双数的字则不可改动。比如：对于"平平仄仄仄平平"，在写诗时，诗句的平仄可以变为"仄平平仄仄平平"。这样的句子有很多。然而，可不可以一下子变为"仄平平仄平平平"呢？这样就把第一、三、五三个字的平仄都改变了。这是不被许可的；而且这句最后三个字，一连用平声，读起来极不顺口。

不过，《黄鹤楼》的第四句“白云千载空悠悠”正是如此，但那是例外。我们应该知道，无论是平声还是仄声，都不可以在句末一连三个出现（即下三连）。

律诗和绝句中还有一个禁忌是“孤平”，那就是在一句诗中，单独一个平声字被夹在两个仄声字里，如“仄平仄仄仄平平”，这也是不行的。

三、合作共享

请根据所学知识分析下面所给诗句中的平仄规律。

李白《送友人》

青山横北郭，白水绕东城。此地一为别，孤蓬万里征。
浮云游子意，落日故人情。挥手自兹去，萧萧班马鸣。

刘长卿《长沙过贾谊宅》

三年谪宦此栖迟，万古惟留楚客悲。秋草独寻人去后，寒林空见日斜时。
汉文有道恩犹薄，湘水无情吊岂知？寂寂江山摇落处，怜君何事到天涯！

元稹《遣悲怀三首之一》

谢公最小偏怜女，自嫁黔娄百事乖。顾我无衣搜荩箧，泥他沽酒拔金钗。
野蔬充膳甘长藿，落叶添薪仰古槐。今日俸钱过十万，与君营奠复营斋。

第二章　对联赏析和创作

对联，又叫对子、楹联等，是我国特有的一种体制短小、文字精练、历史悠久、雅俗共赏的传统文学形式。常见的有春联（含节日联）、门联（含行业联）、喜联、挽联、堂联、名胜古迹联、文艺作品联等。

第一节　对联初探

一、对联的起源

据说桃木有辟邪驱鬼的作用。古人在辞旧迎新之际，在桃木板上分别画上“神荼”“郁垒”二神的图像，悬挂于门首，意在祈福灭祸。后来人们为了图省事就直接在桃木板上写上“神荼”“郁垒”二神的名字。这就是最早的桃符。

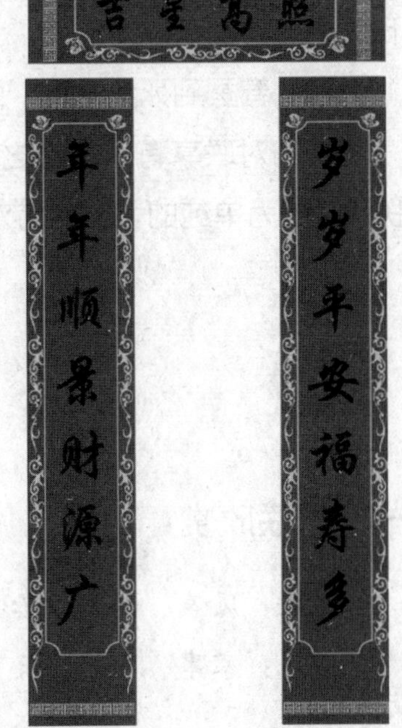

据历史记载，后蜀之主孟昶在公元964年除夕题于卧室门上的对联“新年纳余庆，嘉节号长春”，大概是我国有记载的最早的一副春联。

二、对联的种类

1. 正对

上下联从两个角度、两个方面表现同一事理，表示相似、相关的关系，在内容上互相补充，互相衬托。

如：宝剑锋从磨砺出，梅花香自苦寒来。

2. 反对

上下联是相反或相对的两类事物，或者是一个事物相反或相对的两个方面，互相对照，相辅相成。

如：横眉冷对千夫指，俯首甘为孺子牛。

3. 串对

把一个意思分成两句说，两句衔接紧密，如流水不断，故又称“流水对”。

如：才饮长沙水，又食武昌鱼。

三、对联的特征

1. 字数相等

一般情况下，在同一联中，上、下联的字数必须相等。还须注意的是，上、下联一般不能出现相同的字。

2. 词类相当

即上、下联相应部分要实词对实词，虚词对虚词。具体地说，就是名词对名词、动词对动词、形容词对形容词、副词对副词、数量词对数量词、方位词对方位词。

如：春种一粒粟，秋收万颗子。

3. 结构相应

即主谓对主谓，动宾对动宾，偏正对偏正，并列对并列，动补对动补。

如：墙上芦苇，头重脚轻根底浅；山间竹笋，嘴尖皮厚腹中空。

4. 平仄相对

现代对联的平仄要求已没有古代那么严格，但还须注意的是，一般情况下“上联仄收，下联平收”。

如：春蚕到死丝方尽，蜡炬成灰泪始干。

好的对联享有“诗中之诗”的美誉，但如果只拘泥于形式美，而放弃了内涵美，对联就会变为单纯的“文字游戏”。

第二节　赏析与创作

一、对联欣赏

上联：风声、雨声、读书声，声声入耳；

下联：家事、国事、天下事，事事关心。

上联：有志者，事竟成，破釜沉舟，百二秦关终属楚；

下联：苦心人，天不负，卧薪尝胆，三千越甲可吞吴。

二、对联辨识

1. 根据所学知识判断下列对联分别是描写哪位名人的。

生死一知己，存亡两妇人。（　　）

何处招魂，香草还生三户地；

当年呵壁，湘流应识九歌心。（　　）

踏莽原，刈野草，热风奔流，一生呐喊；

痛毁灭，叹而已，十月噩耗，万众彷徨。（　　）

善乐府、善格律，无心诗圣名千古；

忧民生、忧国家，甘愿茅屋度一生。（　　）

2. 请根据对联内容判断，下列对联分别是描述哪个行业的。

到此皆洁身之士，相对乃忘形之交。（　　）

好句不妨灯下草，高年能辨雾中花。（　　）

为天下头等事业，做人间顶上功夫。（　　）

3. 窃国大盗袁世凯，在攫取辛亥革命胜利果实后，做起了他的皇帝梦，但在登基83天之后就被迫宣布取消帝制，后在全国人民声讨中一命呜呼了。他死后有人送了他一副挽联，联曰：

袁世凯千古，中国人民万岁。

读懂了这副对联的人都大呼过瘾。你觉得这副对联的精彩之处在哪？

三、对联创作

要求：

（1）字数相等，断句一致。

（2）词性相对，位置相同。

（3）平仄相合，音调和谐。

（4）内容相关，上下衔接。

请根据以上要求，为学校大门和国学社各编写一副对联。

学校大门：

国学社：

第三章 格 律

第一节 《诗经》及其他四言诗

《诗经》是中国最早的诗歌总集。《诗经》原本叫《诗》，共有诗歌305首，因此又称“诗三百”。从汉代起，儒家将其奉为经典，因此称为《诗经》。孔子说：“《诗》三百，一言以蔽之，曰‘思无邪’。”他赞赏“诗三百”，根本原因是因为其“无邪”。

文成书局印《监本诗经》封面

一、《诗经》中诗的分类

《诗经》根据乐调的不同，分为风、雅、颂三类。

风是指不同地区的地方音乐。风诗是从周南、召南、邶、鄘、卫、王、郑、齐、魏、唐、秦、陈、桧、曹、豳等15个地区采集上来的土风歌谣，共160篇，大部分是民歌。这一部分文学成就最高，有对爱情、劳动等美好事物的吟唱，也有怀故土、思征人及反压迫、反欺凌的怨叹与愤怒。

雅是指周王朝直辖地区的音乐，即所谓的正声雅乐。雅诗是宫廷宴享或朝会时的乐歌，按音乐的不同又分为《大雅》31篇、《小雅》74篇，共105篇。除《小雅》中有少量民歌外，大部分是贵族文人的作品。

颂是指宗庙祭祀的舞曲歌辞，内容多是歌颂祖先功业的。颂诗又分为《周颂》31篇，《鲁颂》4篇，《商颂》5篇，共40篇。全部是贵族文人的作品。从时间上看，《周颂》和《大雅》的大部分产生于西周初期；《大雅》的小部分和《小雅》的大部分产生于西周后期至东迁时；《国风》的大部分和《鲁颂》《商颂》产生于春秋时期。

《雅》《颂》中的诗歌，对于我们考察早期历史、宗教与社会有很大价值。孔子曾概括《诗经》宗旨为“无邪”，并教育弟子、孩子读《诗经》且将其作为立言、立行的标准。先秦诸子中，引用《诗经》者颇多，如孟子、荀子、墨子、庄子等人在说理论证时，多引述《诗经》中的句子以增强说服力。

从思想性和艺术价值上看，三颂不如二雅，二雅不如十五国风。

二、《诗经》的表现方法

诗经的表现手法，分为赋、比、兴三种。

（一）赋

赋就是铺陈直叙，即指人把思想感情及其有关的事物详细地表达出来。在篇幅较长的诗作中，铺陈与排比往往是结合在一起用的。铺排系将一连串内容紧密关联的景观物象、事态现象、人物形象和性格行为，按照一定的顺序组成一组结构基本相同、语气基本一致的句群。其既可以淋漓尽致地细腻铺写，又可以一气贯注、加强语势，还可以渲染某种环境、气氛和情绪。赋是最基本的表现手法，赋中比兴，或者起兴后再用赋。在赋体中，尤其是富丽华美的汉赋中，赋法被广泛地采用。汉乐府和汉代某些五言诗也与汉赋互相影响，更将铺陈与排比相结合，相得益彰。如乐府诗《江南》的诗句“江南可采莲，莲叶何田田，鱼戏莲叶间。鱼戏莲叶东，鱼戏莲叶西，鱼戏莲叶南，鱼戏莲叶北”用的就是赋。

（二）比

比就是类比，是《诗经》中最基本的手法，用得最为普遍。以彼物比此物，诗人有本体或情感，借一个事物作类比。一般来说，用来作比的事物总比被比的本体事物更加生动具体、鲜明浅近而为人们所知，便于人们联想和想象。形象生动鲜明，突出事物（事情）的特征。《诗经》中比的运用很广泛，比较好理解。其中整首都以拟物手法表达感情的比体诗，如《魏风 · 硕鼠》《小雅 · 鹤鸣》，独具特色；而一首诗中部分运用比的手法，更是丰富，如《卫风 · 硕人》，描绘庄姜之美，用了一连串的比，“手如柔荑，肤如凝脂，领如蝤蛴，齿如瓠犀，螓首蛾眉，巧笑倩兮，美目盼兮”。

（三）兴

兴，先言他物以引起所咏之词。从特征上讲，有直接起兴、兴中含比两种情况；从使用上讲，有篇头起兴和兴起兴结两种形式。只能激发读者的联想，增强意蕴，产生形象鲜明、诗意盎然的艺术效果。如《关雎》中的“关关雎鸠，在河之洲”，和《蒹葭》中的“蒹葭苍苍，白露为霜”。

三、诗经名篇鉴赏

关 雎

［国风·周南］

关关雎鸠，在河之洲；
窈窕淑女，君子好逑。

参差荇菜，左右流之；
窈窕淑女，寤寐求之。

求之不得，寤寐思服；
悠哉悠哉，辗转反侧。

参差荇菜，左右采之；
窈窕淑女，琴瑟友之。

参差荇菜，左右芼之；
窈窕淑女，钟鼓乐之。

静 女

［国风·邶风］

静女其姝，俟我于城隅。
爱而不见，搔首踟蹰。

静女其娈，贻我彤管。
彤管有炜，说怿女美。

自牧归荑，洵美且异。
匪女之为美，美人之贻。

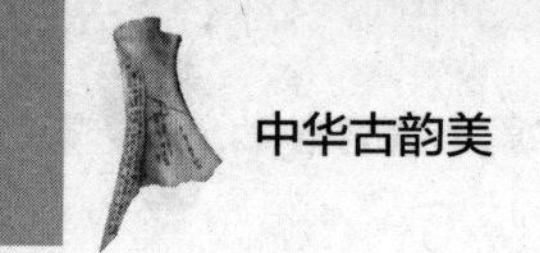

子衿

［国风·郑风］

青青子衿，悠悠我心。
纵我不往，子宁不嗣音？

青青子佩，悠悠我思。
纵我不往，子宁不来？

挑兮达兮，在城阙兮。
一日不见，如三月兮！

月出

［国风·陈风］

月出皎兮，佼人僚兮。
舒窈纠兮，劳心悄兮！

月出皓兮，佼人懰兮。
舒忧受兮，劳心慅兮！

月出照兮，佼人燎兮。
舒夭绍兮，劳心惨兮！

河广

［国风·卫风］

谁谓河广？一苇杭之。
谁谓宋远？跂予望之。

谁谓河广？曾不容刀。
谁谓宋远？曾不崇朝。

鹿 鸣

[雅·小雅]

呦呦鹿鸣，食野之苹。
我有嘉宾，鼓瑟吹笙。
吹笙鼓簧，承筐是将。
人之好我，示我周行。
呦呦鹿鸣，食野之蒿。
我有嘉宾，德音孔昭。
视民不恌，君子是则是效。
我有旨酒，嘉宾式燕以敖。

呦呦鹿鸣，食野之芩。
我有嘉宾，鼓瑟鼓琴。
鼓瑟鼓琴，和乐且湛。
我有旨酒，以燕乐嘉宾之心。

玄 鸟

[颂·商颂]

天命玄鸟，降而生商，宅殷土芒芒。
古帝命武汤，正域彼四方。

方命厥后，奄有九有。
商之先后，受命不殆，在武丁孙子。
武丁孙子，武王靡不胜。

龙旂十乘，大糦是承。
邦畿千里，维民所止，肇域彼四海。

四海来假，来假祁祁。
景员维河，殷受命咸宜，百禄是何。

四、其他四言诗名篇鉴赏

兄秀才公穆入军赠诗十九首之十

晋·嵇康

良马既闲，丽服有晖。左揽繁弱，右接忘归。
风驰电逝，蹑景追飞。凌厉中原，顾盼生姿。

幽愤诗

晋·嵇康

嗟余薄祜[①]，少遭不造[②]。哀茕靡识，越在襁褓。
母兄鞠育[③]，有慈无威。恃爱肆姐[④]，不训不师。
爰及冠带，冯[⑤]宠自放。抗心希古，任其所尚。

托好老庄，贱物贵身。志在守朴，养素全真。
曰余不敏，好善暗人。子玉之败，屡增惟尘。
大人含弘，藏垢怀耻。民之多僻[⑥]，政不由己。

惟此褊心，显明臧否。感悟思愆，怛若创痏[⑦]。
欲寡其过，谤议沸腾。性不伤物，频致怨憎。
昔惭柳惠[⑧]，今愧孙登。内负宿心，外恧良朋。

仰慕严郑，乐道闲居。与世无营，神气晏如。
咨予不淑，婴累多虞。匪降自天，实由顽疏。
理弊患结，卒致囹圄。对答鄙讯，絷此幽阻。

实耻讼冤，时不我与。虽曰义直，神辱志沮。
澡身沧浪，岂云能补？嗈嗈鸣雁，奋翼北游。
顺时而动，得意忘忧。嗟我愤叹，曾莫能俦[⑨]。

事与愿违，遘兹淹留。穷达有命，亦又何求？
古人有言，善莫近名。奉时恭默，咎悔不生。
万石[⑩]周慎，安亲保荣。世务纷纭，祗[⑪]搅予情。

安乐必诚，乃终利贞。煌煌灵芝，一生三秀。
予独何为？有志不就。惩难思复，心焉内疚。
庶勖⑫将来，无馨无臭。采薇山阿，散发岩岫。
永啸长吟，颐性养寿。

【注释】

①祜：福。　②不造：不成。言家道未成。　③鞠育：养育。　④妲：娇。　⑤冯：同“凭”。　⑥僻：邪。　⑦创痏：创伤。　⑧柳惠：即柳下惠，春秋时人。　⑨俦：比。　⑩万石：指汉代石奋。　⑪祇：适。　⑫勖：勉励。

停　云

东晋·陶渊明

霭霭停云，濛濛时雨。
八表同昏，平路伊阻。
静寄东轩，春醪独抚。
良朋悠邈，搔首延伫。

停云霭霭，时雨濛濛。
八表同昏，平陆成江。
有酒有酒，闲饮东窗。
愿言怀人，舟车靡从。

东园之树，枝条载荣。
竞用所好，以招余情。
人亦有言：日月于征。
安得促席，说彼平生。

翩翩飞鸟，息我庭柯。
敛翮闲止，好声相和。
岂无他人，念子实多。
愿言不获，抱恨如何！

怨旷思惟歌

西汉·王嫱

秋木萋萋，其叶萎黄。
有鸟处山，集于苞桑①。
养育羽毛，形容②生光。
既得生云，上游曲房③。
离宫绝旷，身体摧藏。
志念抑沉，不得颉颃④。
虽得委⑤食，心有徊徨。
我独伊何，来往⑥变常。
翩翩之燕，远集西羌⑦。
高山峨峨，河水泱泱⑧。
父兮母兮，道里悠长。
呜呼哀哉，忧心恻伤。

【注释】

①苞桑：丛生的桑树。 ②形容：形体和容貌。 ③曲房：皇宫内室。 ④颉颃：鸟儿上飞为颉，下飞为颃。指鸟儿上下翻飞。 ⑤委：堆。 ⑥来往：此处指皇宫内夜夜将佳丽送去给帝王宠幸。 ⑦西羌：居住在西部的羌族。 ⑧泱泱：水深广貌。

第二节 汉 赋

汉赋是在汉代涌现出的一种有韵的散文，它的特点是散韵结合，专事铺叙。从形式上看，赋侧重于“铺采摛文”；从内容上说，赋侧重于“体物写志”。汉赋的内容可分为五类：一是渲染宫殿城市，二是描写帝王游猎，三是叙述旅行经历，四是抒发不遇之情，五是杂谈禽兽草木。而以前两者为汉赋之代表。赋是汉代最流行的文体。在两汉 400 多年间，一般文人多致力于这种文体的写作，因而其盛极一时，后世往往把它看成汉代文学的代表。

一、汉赋的结构

汉赋在结构上一般都有三部分，即序、本文和被称作“乱”或“讯”的结尾。汉赋写法上大多以丰辞缛藻、穷极声貌来大肆铺陈，为汉帝国的强大或统治者的文治武功高唱赞歌，只在结尾处略带几笔，微露讽谏之意。

二、汉赋代表作

鵩鸟赋（并序）

西汉 · 贾谊

（《鵩鸟赋》的形式十分奇特，它以人鸟对话而展开。这种形式是受到庄子寓言的影响，同时也开了汉赋主客问答体式之先河。此赋最突出的特点是以议论为主，以议论来抒写对生命忧患的思考，来阐发人生的哲理。议论之中也常运用一些贴切的比喻，来增强议论的形象性，也常用感叹语气来加强议论的情感性。此赋语言凝练精警，形式上以整齐的四言句为主，也有散文化的倾向，体现着向汉大赋的过渡。）

谊为长沙王傅三年，有鵩飞入谊舍。鵩似鸮，不祥鸟也。谊即以谪居长沙，长沙卑湿，谊自伤悼，以为寿不得长，乃为赋以自广也。其辞曰：

单阏之岁兮，四月孟夏，庚子日斜兮，鵩集予舍。止于坐隅兮，貌甚闲暇。异物来萃兮，私怪其故。发书占之兮，谶言其度，曰：“野鸟入室兮，主人将去。”请问于鵩兮：“予去何之？吉乎告我，凶言其灾。淹速之度兮，语予其期。”鵩乃叹息，举首奋翼；口不能言，请对以臆：

“万物变化兮，固无休息。斡流而迁兮，或推而还。形气转续兮，变化而嬗。沕穆无穷兮，胡可胜言！祸兮福所依，福兮祸所伏；忧喜聚门兮，吉凶同域。彼吴强大兮，夫差以败；越栖会稽兮，勾践霸世。斯游遂成兮，卒被五刑；傅说胥靡兮，乃相武丁。夫祸之与福兮，何异纠缠；命不可说兮，孰知其极！水激则旱兮，矢激则远；万物回薄兮，振荡相转。云蒸雨降兮，纠错相纷；大钧播物兮，坱圠无垠。天不可预虑兮，道不可预谋；迟速有命兮，焉识其时。且夫天地为炉兮，造化为工；阴阳为炭兮，万物为铜。合散消息兮，安有常则？千变万化兮，未始有极！忽然为人兮，何足控抟；化为异物兮，又何足患！小智自私兮，贱彼贵我；达人大观兮，物无不可。贪夫殉财兮，烈士殉名。夸者死权兮，品庶每生。怵迫之徒兮，或趋西东；大人不曲兮，意变齐同。愚士系俗兮，窘若囚拘；至人遗物兮，独与道俱。众人惑惑兮，好恶积亿；真人恬漠兮，独与道息。释智遗形兮，超然自丧；寥廓忽荒兮，与道翱翔。乘流则逝兮，得坻则止；纵躯委命兮，不私与己。其生兮若浮，其死兮若休；澹乎若深渊之静，泛乎若不系之舟。不以生故自宝兮，养空而浮；德人无累兮，知命不忧。细故蒂芥兮，何足以疑！”

招隐士

西汉·淮南小山

（此赋感情浓郁，意味深长，音节和谐，优美动人，因其独特的艺术风格及高超的美学价值，历来为人所推重，堪称汉代骚体赋的精品。）

桂树丛生兮山之幽，偃蹇连蜷兮枝相缭。山气巃嵸兮石嵯峨，溪谷崭岩兮水曾波。猿狖群啸兮虎豹嗥，攀援桂枝兮聊淹留。王孙游兮不归，春草生兮萋萋。岁暮兮不自聊，蟪蛄鸣兮啾啾。坱兮轧，山曲岪，心淹留兮恫荒忽。罔兮沕，憭兮栗，虎豹穴。丛薄深林兮人上栗。嵚岑碕礒兮碅磳磈硊，树轮相纠兮林木茷骫。青莎杂树兮薠草靃靡，白鹿麏麚兮或腾或倚。状貌崟崟兮峨峨，凄凄兮漇漇。猕猴兮熊罴，慕类兮以悲。攀援桂枝兮聊淹留。虎豹斗兮熊罴咆，禽兽骇兮亡其曹。王孙兮归来，山中兮不可以久留！

鹦鹉赋（并序）

东汉·祢衡

（《鹦鹉赋》堪称汉以来顶尖级的赋体佳作，鹦鹉洲也因此享有盛名。比如唐代诗人崔颢那首绝妙的《黄鹤楼》里就有“晴川历历汉阳树，芳草萋萋鹦鹉洲”的名句。大诗人李白流放夜郎途中被赦返回时，眼望鹦鹉洲而触景生情便也吟得《望鹦鹉洲悲祢衡》，对祢衡的钦慕怜惜之情尽染笔端：“吴江赋鹦鹉，落笔超群英。锵锵振金玉，句句欲飞鸣。鸷鹗啄孤凤，千春伤我情。”）

时黄祖太子射宾客大会。有献鹦鹉者，举酒于衡前曰：“祢处士！今日无用娱宾，窃以此鸟自远而至，明慧聪善，羽族之可贵，愿先生为之赋，使四座咸共荣观，不亦可乎？”衡因为赋，笔不停缀，文不加点。其辞曰：

惟西域之灵鸟兮，挺自然之奇姿。体金精之妙质兮，合火德之明辉。性辩慧而能言兮，才聪明以识机。故其嬉游高峻，栖峙幽深。飞不妄集，翔必择林。绀趾丹觜，绿衣翠衿。采采丽容，咬咬好音。虽同族于羽毛，固殊智而异心。配鸾皇而等美，焉比德于众禽？

于是羡芳声之远畅，伟灵表之可嘉。命虞人于陇坻，诏伯益于流沙。跨昆仑而播弋，冠云霓而张罗。虽纲维之备设，终一目之所加。且其容止闲暇，守植安停。逼之不惧，抚之不惊。宁顺从以远害，不违迕以丧生。故献全者受赏，而伤肌者被刑。

尔乃归穷委命，离群丧侣。闭以雕笼，翦其翅羽。流飘万里，崎岖重阻。逾岷越障，载罹寒暑。女辞家而适人，臣出身而事主。彼贤哲之逢患，犹栖迟以羁旅。矧禽鸟之微物，能驯扰以安处！眷西路而长怀，望故乡而延伫。忖陋体之腥臊，亦何劳于鼎俎？

嗟禄命之衰薄，奚遭时之险巇？岂言语以阶乱，将不密以致危？痛母子之永隔，哀

伉俪之生离。匪馀年之足惜，愍众雏之无知。背蛮夷之下国，侍君子之光仪。惧名实之不副，耻才能之无奇。羡西都之沃壤，识苦乐之异宜。怀代越之悠思，故每言而称斯。

若乃少昊司辰，蓐收整辔。严霜初降，凉风萧瑟。长吟远慕，哀鸣感类。音声凄以激扬，容貌惨以憔悴。闻之者悲伤，见之者陨泪。放臣为之屡叹，弃妻为之歔欷。

感平生之游处，若埙篪之相须。何今日之两绝，若胡越之异区？顺笼槛以俯仰，窥户牖以踟蹰。想昆山之高岳，思邓林之扶疏。顾六翮之残毁，虽奋迅其焉如？心怀归而弗果，徒怨毒于一隅。苟竭心于所事，敢背惠而忘初？托轻鄙之微命，委陋贱之薄躯。期守死以报德，甘尽辞以效愚。恃隆恩于既往，庶弥久而不渝。

第三节　汉代诗歌

汉代诗歌是在《诗经》《楚辞》和秦、汉民歌的基础上发展起来的，大致经历了从民间歌谣到文人创作、从乐府歌辞到文人徒诗（即“古诗”）、从四言体到五言体、从骚体到七言体、从抒情诗到叙事诗的发展过程。

一、乐府诗

汉武帝时期，正式建立乐府官署，由精通音乐的李延年充任协律都尉，负责制定乐谱和训练乐员，同时大规模地搜集民歌配乐演唱。乐府官署的设置，使汉代民歌得以大量保存，在汉代文人诗坛特别冷落的情况下放射出异常绚烂的光彩，从而形成了中国诗歌史上继《诗经》《楚辞》之后的第三个重要发展阶段。

两汉乐府诗中有叙事诗，也有抒情诗，而以叙事诗的成就更为突出。《诗经》《楚辞》基本都是抒情诗，抒情过程中也时而穿插叙事，但叙事附属于抒情。两汉乐府叙事诗的出现，标志着中国古代叙事诗的成熟。

代表作欣赏

陌上桑

日出东南隅，照我秦氏楼。秦氏有好女，自名为罗敷。罗敷善蚕桑，采桑城南隅。青丝为笼系，桂枝为笼钩。头上倭堕髻，耳中明月珠。缃绮为下裙，紫绮为上襦。行者见罗敷，下担捋髭须。少年见罗敷，脱帽着帩头。耕者忘其犁，锄者忘其锄。来归相怨怒，但坐观罗敷。

使君从南来，五马立踟蹰。使君遣吏往，问是谁家姝。“秦氏有好女，自名为罗敷。”“罗敷年几何？”“二十尚不足，十五颇有余。”使君谢罗敷：“宁可共载不？”

罗敷前致词：“使君一何愚！使君自有妇，罗敷自有夫。东方千余骑，夫婿居上头。

何用识夫婿？白马从骊驹，青丝系马尾，黄金络马头。腰中鹿卢剑，可值千万余。十五府小吏，二十朝大夫，三十侍中郎，四十专城居。为人洁白皙，鬑鬑颇有须；盈盈公府步，冉冉府中趋。坐中数千人，皆言夫婿殊。”

十五从军征

十五从军征，八十始得归。
道逢乡里人：家中有阿谁？
遥看是君家，松柏冢累累。
兔从狗窦入，雉从梁上飞，
中庭生旅谷，井上生旅葵。
舂谷持作饭，采葵持作羹。
羹饭一时熟，不知贻阿谁。
出门东向看，泪落沾我衣。

上　邪

上邪！
我欲与君相知，
长命无绝衰。
山无陵，
江水为竭。
冬雷震震，
夏雨雪，
天地合，
乃敢与君绝！

孔雀东南飞并序

汉末建安中，庐江府小吏焦仲卿妻刘氏，为仲卿母所遣，自誓不嫁。其家逼之，乃投水而死。仲卿闻之，亦自缢于庭树。时人伤之，为诗云尔。

孔雀东南飞，五里一徘徊。

“十三能织素，十四学裁衣，十五弹箜篌，十六诵诗书。十七为君妇，心中常苦悲。君既为府吏，守节情不移。贱妾留空房，相见常日稀。鸡鸣入机织，夜夜不得息。三日断五匹，大人故嫌迟。非为织作迟，君家妇难为！妾不堪驱使，徒留无所施。便可白公姥，及时相遣归。”

府吏得闻之，堂上启阿母：“儿已薄禄相，幸复得此妇。结发同枕席，黄泉共为友。共事二三年，始尔未为久。女行无偏斜，何意致不厚？”

阿母谓府吏：“何乃太区区！此妇无礼节，举动自专由。吾意久怀忿，汝岂得自由！东家有贤女，自名秦罗敷，可怜体无比，阿母为汝求。便可速遣之，遣去慎莫留！”

府吏长跪告：“伏惟启阿母，今若遣此妇，终老不复取！”

阿母得闻之，槌床便大怒：“小子无所畏，何敢助妇语！吾已失恩义，会不相从许！”

府吏默无声，再拜还入户。举言谓新妇，哽咽不能语：“我自不驱卿，逼迫有阿母。卿但暂还家，吾今且报府。不久当归还，还必相迎取。以此下心意，慎勿违吾语。”

新妇谓府吏：“勿复重纷纭。往昔初阳岁，谢家来贵门。奉事循公姥，进止敢自专？昼夜勤作息，伶俜萦苦辛。谓言无罪过，供养卒大恩；仍更被驱遣，何言复来还！妾有绣腰襦，葳蕤自生光；红罗复斗帐，四角垂香囊；箱帘六七十，绿碧青丝绳，物物各自异，种种在其中。人贱物亦鄙，不足迎后人，留待作遗施，于今无会因。时时为安慰，久久莫相忘！”

鸡鸣外欲曙，新妇起严妆。著我绣夹裙，事事四五通。足下蹑丝履，头上玳瑁光。腰若流纨素，耳著明月珰。指如削葱根，口如含朱丹。纤纤作细步，精妙世无双。

上堂拜阿母，阿母怒不止。“昔作女儿时，生小出野里。本自无教训，兼愧贵家子。受母钱帛多，不堪母驱使。今日还家去，念母劳家里。”却与小姑别，泪落连珠子。“新妇初来时，小姑始扶床；今日被驱遣，小姑如我长。勤心养公姥，好自相扶将。初七及下九，嬉戏莫相忘。”出门登车去，涕落百余行。

府吏马在前，新妇车在后。隐隐何甸甸，俱会大道口。下马入车中，低头共耳语：“誓不相隔卿，且暂还家去；吾今且赴府，不久当还归，誓天不相负！”

新妇谓府吏：“感君区区怀！君既若见录，不久望君来。君当作磐石，妾当作蒲苇，蒲苇纫如丝，磐石无转移。我有亲父兄，性行暴如雷，恐不任我意，逆以煎我怀。”举手长劳劳，二情同依依。

入门上家堂，进退无颜仪。阿母大拊掌，“不图子自归！十三教汝织，十四能裁衣，十五弹箜篌，十六知礼仪，十七遣汝嫁，谓言无誓违。汝今何罪过，不迎而自归？”兰芝惭阿母：“儿实无罪过。”阿母大悲摧。

还家十余日，县令遣媒来。云有第三郎，窈窕世无双。年始十八九，便言多令才。

阿母谓阿女：“汝可去应之。”

阿女含泪答：“兰芝初还时，府吏见丁宁，结誓不别离。今日违情义，恐此事非奇。自可断来信，徐徐更谓之。”

阿母白媒人："贫贱有此女，始适还家门。不堪吏人妇，岂合令郎君？幸可广问讯，不得便相许。"

媒人去数日，寻遣丞请还，说有兰家女，丞籍有宦官。云有第五郎，娇逸未有婚。遣丞为媒人，主簿通语言。直说太守家，有此令郎君，既欲结大义，故遣来贵门。

阿母谢媒人："女子先有誓，老姥岂敢言！"

阿兄得闻之，怅然心中烦，举言谓阿妹："作计何不量！先嫁得府吏，后嫁得郎君，否泰如天地，足以荣汝身。不嫁义郎体，其往欲何云？"

兰芝仰头答："理实如兄言。谢家事夫婿，中道还兄门。处分适兄意，那得自任专！虽与府吏要，渠会永无缘。登即相许和，便可作婚姻。"

媒人下床去，诺诺复尔尔。还部白府君："下官奉使命，言谈大有缘。"府君得闻之，心中大欢喜。视历复开书，便利此月内，六合正相应。良吉三十日，今已二十七，卿可去成婚。交语速装束，络绎如浮云。青雀白鹄舫，四角龙子幡。婀娜随风转，金车玉作轮。踯躅青骢马，流苏金镂鞍。赍钱三百万，皆用青丝穿。杂彩三百匹，交广市鲑珍。从人四五百，郁郁登郡门。

阿母谓阿女："适得府君书，明日来迎汝。何不作衣裳？莫令事不举！"

阿女默无声，手巾掩口啼，泪落便如泻。移我琉璃榻，出置前窗下。左手持刀尺，右手执绫罗。朝成绣夹裙，晚成单罗衫。晻晻日欲暝，愁思出门啼。

府吏闻此变，因求假暂归。未至二三里，摧藏马悲哀。新妇识马声，蹑履相逢迎。怅然遥相望，知是故人来。举手拍马鞍，嗟叹使心伤："自君别我后，人事不可量。果不如先愿，又非君所详。我有亲父母，逼迫兼弟兄。以我应他人，君还何所望！"

府吏谓新妇："贺卿得高迁！磐石方且厚，可以卒千年；蒲苇一时纫，便作旦夕间。卿当日胜贵，吾独向黄泉！"

新妇谓府吏："何意出此言！同是被逼迫，君尔妾亦然。黄泉下相见，勿违今日言！"执手分道去，各各还家门。生人作死别，恨恨那可论？念与世间辞，千万不复全！

府吏还家去，上堂拜阿母："今日大风寒，寒风摧树木，严霜结庭兰。儿今日冥冥，令母在后单。故作不良计，勿复怨鬼神！命如南山石，四体康且直！"

阿母得闻之，零泪应声落："汝是大家子，仕宦于台阁。慎勿为妇死，贵贱情何薄！东家有贤女，窈窕艳城郭，阿母为汝求，便复在旦夕。"

府吏再拜还，长叹空房中，作计乃尔立。转头向户里，渐见愁煎迫。

其日牛马嘶，新妇入青庐。奄奄黄昏后，寂寂人定初。"我命绝今日，魂去尸长留！"揽裙脱丝履，举身赴清池。

府吏闻此事，心知长别离。徘徊庭树下，自挂东南枝。

两家求合葬，合葬华山傍。东西植松柏，左右种梧桐。枝枝相覆盖，叶叶相交通。中有双飞鸟，自名为鸳鸯。仰头相向鸣，夜夜达五更。行人驻足听，寡妇起彷徨。多谢后世人，戒之慎勿忘！

二、古诗十九首

古诗十九首，标志着文人五言诗已达到成熟期，是五言诗发展成熟的标志，在中国文学史上得到极高的评价。

古诗十九首有民歌“感于哀乐，缘事而发”的特质，又有文人的锤炼，遣词用字朴淡，语言不假雕饰，浅近自然，多用叠字，语句却又异常简练，含意丰富。古诗十九首是汉乐府光辉的总结，对后世诗歌的发展有深远的影响。

代表作欣赏

行行重行行

行行重行行，与君生别离。相去万余里，各在天一涯。
道路阻且长，会面安可知！胡马依北风，越鸟巢南枝。
相去日已远，衣带日已缓。浮云蔽白日，游子不顾反。
思君令人老，岁月忽已晚。弃捐勿复道，努力加餐饭！

青青河畔草

青青河畔草，郁郁园中柳。盈盈楼上女，皎皎当窗牖。
娥娥红粉妆，纤纤出素手。昔为倡家女，今为荡子妇，
荡子行不归，空床难独守。

涉江采芙蓉

涉江采芙蓉，兰泽多芳草。采之欲遗谁？所思在远道。
还顾望旧乡，长路漫浩浩。同心而离居，忧伤以终老。

庭中有奇树

庭中有奇树，绿叶发华滋。攀条折其荣，将以遗所思。
馨香盈怀袖，路远莫致之。此物何足贵，但感别经时。

迢迢牵牛星

迢迢牵牛星，皎皎河汉女。纤纤擢素手，札札弄机杼。

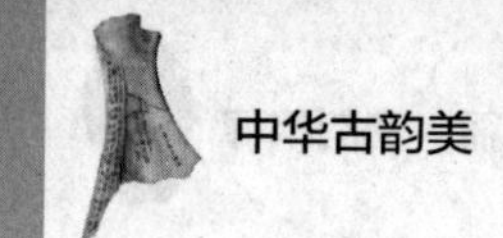

终日不成章，泣涕零如雨。河汉清且浅，相去复几许？
盈盈一水间，脉脉不得语。

去者日以疏

去者日以疏，生者日已亲。出郭门直视，但见丘与坟。
古墓犁为田，松柏摧为薪。白杨多悲风，萧萧愁杀人。
思还故里闾，欲归道无因。

生年不满百

生年不满百，常怀千岁忧。昼短苦夜长，何不秉烛游！
为乐当及时，何能待来兹？愚者爱惜费，但为后世嗤。
仙人王子乔，难可与等期。

孟冬寒气至

孟冬寒气至，北风何惨栗。愁多知夜长，仰观众星列。
三五①明月满，四五②蟾兔缺。客从远方来，遗我一书札。
上言长相思，下言久离别。置书怀袖中，三岁③字不灭④。
一心抱区区⑤，惧君不识察。

【注释】①三五：农历十五日。②四五：农历二十日。③三岁：三年。④灭：消失。⑤区区：指相爱之情。

明月何皎皎

明月何皎皎，照我罗床帏。忧愁不能寐，揽衣起徘徊。
客行虽云乐，不如早旋归。出户独彷徨，愁思当告谁？
引领还入房，泪下沾裳衣。

第四节　魏晋南北朝诗歌

一、“三曹”与建安诗歌

建安诗歌风格，也称为“建安风骨”。“风”，就是文章的生命力，是一种内在的、能感染人的精神力量，有了“风”，文章才能鲜明而生动；“骨”是指文章的表现力，也就是说文章应该表现得刚劲有力。“骨”是一个比较实的概念，直接体现在语言的运用上，语言准确、简练、明晰，文章就能表现得有力。

（一）曹操

曹操（155—220）——建安时期的文坛领袖，也是建安诗风的开创者。

他不仅是一位卓越的政治家、军事家，也是一位杰出的思想家、文学家。其作品境界阔大，思想深邃，处处充满了英雄的豪气，比较鲜明地体现了慷慨悲凉的建安诗风。

短歌行（其一）

对酒当歌，人生几何？譬如朝露，去日苦多。
慨当以慷，忧思难忘。何以解忧？唯有杜康。
青青子衿，悠悠我心。但为君故，沉吟至今。
呦呦鹿鸣，食野之苹。我有嘉宾，鼓瑟吹笙。
明明如月，何时可掇。忧从中来，不可断绝。
越陌度阡，枉用相存。契阔谈宴，心念旧恩。
月明星稀，乌鹊南飞。绕树三匝，何枝可依？
山不厌高，海不厌深。周公吐哺，天下归心。

曹操像

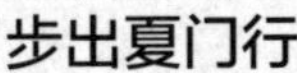
步出夏门行

（这组诗共分五部分，开头是序曲《艳》，然后是《观沧海》《冬十月》《土不同》《龟虽寿》四章。）

艳

云行雨步，超越九江之皋。
临观异同，心意怀犹豫，不知当复何从？
经过至我碣石，心惆怅我东海。

观沧海

东临碣石，以观沧海。水何澹澹，山岛竦峙。
树木丛生，百草丰茂。秋风萧瑟，洪波涌起。
日月之行，若出其中；星汉灿烂，若出其里。
幸甚至哉，歌以咏志。

冬十月

孟冬十月，北风徘徊。天气肃清，繁霜霏霏。
鹍鸡晨鸣，鸿雁南飞。鸷鸟潜藏，熊罴窟栖。
钱镈停置，农收积场。逆旅整设，以通贾商。
幸甚至哉，歌以咏志。

土不同

乡土不同，河朔隆冬。流澌浮漂，舟船行难。
锥不入地，蘴藾深奥。水竭不流，冰坚可蹈。
士隐者贫，勇侠轻非。心常叹怨，戚戚多悲。
幸甚至哉，歌以咏志。

龟虽寿

神龟虽寿，犹有竟时。螣蛇乘雾，终为土灰。
老骥伏枥，志在千里；烈士暮年，壮心不已。
盈缩之期，不但在天；养怡之福，可得永年。
幸甚至哉！歌以咏志。

（二）曹丕、曹植

曹丕（187—226）为曹操次子，建安二十五年（220）代汉称帝，史称魏文帝。其诗多反映民生疾苦与军旅生活。

曹丕像

燕歌行

秋风萧瑟天气凉，草木摇落露为霜。
群燕辞归鹄南翔，念君客游思断肠。
慊慊思归恋故乡，君何淹留寄他方。
贱妾茕茕守空房，忧来思君不敢忘，不觉泪下沾衣裳。
援琴鸣弦发清商，短歌微吟不能长。
明月皎皎照我床，星汉西流夜未央。
牵牛织女遥相望，尔独何辜限河梁。

这是今存最早的一首完整的七言诗，叙述了一位女子对丈夫的思念。这首诗的突出特点是写景与抒情的巧妙交融，笔致委婉，语言清丽，感情缠绵。

曹植（192—232）与同时代诗人如王粲、刘桢等的创作所形成的“建安风骨”，树立了诗歌创作精神的典范。其后在左思、鲍照、庾信等人的诗中都得到了体现。

白马篇

白马饰金羁，连翩西北驰。借问谁家子，幽并游侠儿。
少小去乡邑，扬声沙漠垂。宿昔秉良弓，楛矢何参差。
控弦破左的，右发摧月支。仰手接飞猱，俯身散马蹄。
狡捷过猴猿，勇剽若豹螭。边城多警急，虏骑数迁移。
羽檄从北来，厉马登高堤。长驱蹈匈奴，左顾凌鲜卑。
弃身锋刃端，性命安可怀？父母且不顾，何言子与妻！
名编壮士籍，不得中顾私。捐躯赴国难，视死忽如归！

曹植像

本篇描写了边塞游侠儿捐躯赴难、视死如归的忠勇气概，气势恢宏，笔力劲健，堪称中国文学史上描写英雄形象的珍贵诗篇。

二、南北朝诗歌

（一）谢灵运和山水诗

进入刘宋时代的谢灵运（385—433），着意于山水景色的描绘。他的诗歌，如同清美的山水写生画册，山水景物是他取用不尽的题材，与陶渊明开创的田园诗的写作一样，他为山水诗的创作开辟了广阔的原野。

游南亭

时竟夕澄霁，云归日西驰。
密林含余清，远峰隐半规。
久痗昏垫苦，旅馆眺郊歧。
泽兰渐被径，芙蓉始发迟。
未厌青春好，已睹朱明移。
戚戚感物叹，星星白发垂。
药饵情所止，衰疾忽在斯。

谢灵运像

逝将候秋水，息景堰旧崖。
我志谁与亮，赏心惟良知。

登江中孤屿

江南倦历览，江北旷周旋。
怀新道转迥，寻异景不延。
乱流趋正绝，孤屿媚中川。
云日相辉映，空水共澄鲜。
表灵物莫赏，蕴真谁为传。
想象昆山姿，缅邈区中缘。
始信安期术，得尽养生年。

（二）鲍照和七言诗

继谢灵运之后的鲍照（约414—466），以其特殊的身世感，发为歌唱，情调激昂，气势雄劲，对李白、杜甫的影响深远。他的《拟行路难十八首》，以其极高的艺术成就，奠定并开创了七言诗进一步发展的局面，在七言诗的发展史上有极其重要的地位。

鲍照像

拟行路难

其八

中庭五株桃，一株先作花。
阳春妖冶二三月，从风簸荡落西家。
西家思妇见悲惋，零泪沾衣抚心叹。
初送我君出户时，何言淹留节回换。
床席生尘明镜垢，纤腰瘦削发蓬乱。
人生不得恒称悲，惆怅徙倚至夜半。

其十六

君不见冰上霜，表里阴且寒。
虽蒙朝日照，信得几时安。
民生故如此，谁令摧折强相看。
年去年来自如削，白发零落不胜冠。

三、南北朝乐府民歌

此时期值得注意的是南北朝乐府民歌。由于长期的南北分裂，南北地域、社会风习的迥殊，民歌出现了特异的气质和风貌。北朝民歌气质刚劲，反映的社会生活内容较广阔，歌颂代父从军的英雄女性的《木兰诗》可以代表北朝民歌的高度成就。南朝民歌则是一味地抒写男女恋情，其风格与南朝民风的柔弱一致，尽管写的不外乎是男女的悲欢离合，但写来却千姿百态，抒情真挚缠绵，用意新鲜灵巧，遣词婉转清丽，《西洲曲》是其艺术形式最为成熟的作品。

这一时期的诗人，从创作精神到创作内容、艺术形式、表现手法等方面，为唐代诗歌的蓬勃发展奠定了深厚的基础。如果说唐代诗歌是我国古代诗歌的珠穆朗玛峰，那么魏晋南北朝的诗歌便是青藏高原。而这个高原上，仍是山峰林立，蔚为壮观。

（一）南朝民歌欣赏

子夜四时歌

春歌二十首选二

崎岖与时竞，不复自顾虑。春风振荣林，常恐华落去。

自从别欢后，叹音不绝响。黄蘗向春生，苦心随日长。

夏歌二十首选二

朝登凉台上，夕宿兰池里。乘月采芙蓉，夜夜得莲子。

盛暑非游节，百虑相缠绵。泛舟芙蓉湖，散思莲子间。

秋歌十八首选二

白露朝夕生，秋风凄长夜。忆郎须寒服，乘月捣白素。

别在三阳初，望还九秋暮。恶见东流水，终年不西顾。

冬歌十七首选二

白雪停阴冈，丹华耀阳林。何必丝与竹，山水有清音。

果欲结金兰，但看松柏林。经霜不堕地，岁寒无异心。

西洲曲

忆梅下西洲，折梅寄江北。单衫杏子红，双鬓鸦雏色。

西洲在何处？两桨桥头渡。日暮伯劳飞，风吹乌臼树。

树下即门前，门中露翠钿。开门郎不至，出门采红莲。
采莲南塘秋，莲花过人头。低头弄莲子，莲子清如水。
置莲怀袖中，莲心彻底红。忆郎郎不至，仰首望飞鸿。
鸿飞满西洲，望郎上青楼。楼高望不见，尽日栏干头。
栏干十二曲，垂手明如玉。卷帘天自高，海水摇空绿。
海水梦悠悠，君愁我亦愁。南风知我意，吹梦到西洲。

（二）北朝民歌欣赏

折杨柳歌

健儿须快马，快马须健儿。
跸跋黄尘下，然后别雄雌。

折杨柳枝歌

上马不捉鞭，反拗杨柳枝。
下马吹长笛，愁杀行客儿。

门前一株枣，岁岁不知老。
阿婆不嫁女，那得孙儿抱！

敕敕何力力，女子临窗织。
不闻机杼声，只闻女叹息。

问女何所思，问女何所忆。
阿婆许嫁女，今年无消息。

第五节　唐代诗歌

唐诗泛指创作于唐代的诗。唐代是我国古典诗歌发展的全盛时期。

唐诗的形式和风格是丰富多彩、推陈出新的。它不仅继承了汉魏民歌、乐府传统，并且大大发展了歌行体的样式；不仅继承了前代的五言、七言古诗，并且发展为叙事言情的长篇巨制；不仅扩展了五言、七言形式的运用，还创造了风格特别优美整齐的近体诗。近体诗是当时的新体诗，它的创造和成熟，是唐代诗歌发展史上的一件大事。它把我国古曲诗歌的音节和谐、文字精练的艺术特色，推到前所未有的高度，为古代抒情诗找到了一个最典型的形式，至今还特别为人们所喜闻乐见。但是近体诗中的律诗，由于它有严格的格律限制，容易使诗的内容受到束缚，导致创作者不能自由创造和发挥，这是它的长处带来的一个很大的缺陷。

一、初唐时期

这一时期的代表诗人是“初唐四杰”——王勃、杨炯、卢照邻、骆宾王。此外，陈子昂也是初唐有名的诗人。

王勃像

王勃 (650 或 649—676)，字子安，绛州龙门 (今山西省河津市) 人。他才华早露，未成年即被司刑太常伯刘祥道赞为神童，向朝廷表荐，对策高第，授朝散郎。唐人段成式《酉阳杂俎》中说:“王勃每为碑颂，先磨墨数升，引被覆面卧，忽起一笔数之，初不窜点，时人谓之腹稿。”

上元三年 (676)，王勃南下探亲，渡海溺水惊悸而亡，时年 27 岁。

滕王阁序

豫章故郡，洪都新府。星分翼轸，地接衡庐。襟三江而带五湖，控蛮荆而引瓯越。物华天宝，龙光射牛斗之墟；人杰地灵，徐孺下陈蕃之榻。雄州雾列，俊采星驰。台隍枕夷夏之交，宾主尽东南之美。都督阎公之雅望，棨戟遥临；宇文新州之懿范，襜帷暂驻。十旬休假，胜友如云；千里逢迎，高朋满座。腾蛟起凤，孟学士之词宗；紫电青霜，王将军之武库。家君作宰，路出名区；童子何知，躬逢胜饯。

时维九月，序属三秋。潦水尽而寒潭清，烟光凝而暮山紫。俨骖騑于上路，访风景于崇阿。临帝子之长洲，得仙人之旧馆。层峦耸翠，上出重霄；飞阁流丹，下临无地。鹤汀凫渚，穷岛屿之萦回；桂殿兰宫，列冈峦之体势。

披绣闼，俯雕甍，山原旷其盈视，川泽纡其骇瞩。闾阎扑地，钟鸣鼎食之家；舸舰迷津，青雀黄龙之轴。云销雨霁，彩彻区明。落霞与孤鹜齐飞，秋水共长天一色。渔舟唱晚，响穷彭蠡之滨；雁阵惊寒，声断衡阳之浦。

遥襟甫畅，逸兴遄飞。爽籁发而清风生，纤歌凝而白云遏。睢园绿竹，气凌彭泽之樽；邺水朱华，光照临川之笔。四美具，二难并。穷睇眄于中天，极娱游于暇日。天高地迥，觉宇宙之无穷；兴尽悲来，识盈虚之有数。望长安于日下，目吴会于云间。地势极而南溟深，天柱高而北辰远。关山难越，谁悲失路之人；萍水相逢，尽是他乡之客。怀帝阍而不见，奉宣室以何年？

嗟乎！时运不齐，命途多舛。冯唐易老，李广难封。屈贾谊于长沙，非无圣主；窜梁鸿于海曲，岂乏明时？所赖君子安贫，达人知命。老当益壮，宁移白首之心？穷且益坚，不坠青云之志。酌贪泉而觉爽，处涸辙以犹欢。北海虽赊，扶摇可接；东隅已逝，桑榆非晚。孟尝高洁，空余报国之情；阮籍猖狂，岂效穷途之哭！

勃，三尺微命，一介书生。无路请缨，等终军之弱冠；有怀投笔，慕宗悫之长风。舍簪笏于百龄，奉晨昏于万里。非谢家之宝树，接孟氏之芳邻。他日趋庭，叨陪鲤对；今兹捧袂，喜托龙门。杨意不逢，抚凌云而自惜；钟期既遇，奏流水以何惭？

呜乎！胜地不常，盛筵难再；兰亭已矣，梓泽丘墟。临别赠言，幸承恩于伟饯；登高作赋，是所望于群公。敢竭鄙怀，恭疏短引；一言均赋，四韵俱成。请洒潘江，各倾陆海云尔。

滕王高阁临江渚，佩玉鸣鸾罢歌舞。
画栋朝飞南浦云，珠帘暮卷西山雨。
闲云潭影日悠悠，物换星移几度秋。
阁中帝子今何在？槛外长江空自流。

送杜少府之任蜀州

城阙辅三秦，风烟望五津。与君离别意，同是宦游人。
海内存知己，天涯若比邻。无为在歧路，儿女共沾巾。

杨炯（650—？），弘农华阴（今属陕西）人。十岁举神童，待制弘文馆。二十七岁应制举，补校书郎。高宗永隆二年（681）充崇文馆学士，迁太子詹事司直。他恃才傲物，因讥刺朝士的矫饰作风而遭人忌恨，武后时遭谗被贬为梓州司法参军。后出为婺州盈川令，卒于官。擅长五律，其边塞诗较著名。

从军行

烽火照西京，心中自不平。
牙璋辞凤阙，铁骑绕龙城。
雪暗凋旗画，风多杂鼓声。
宁为百夫长，胜作一书生。

战城南

塞北途辽远，城南战苦辛。

幡旗如鸟翼，甲胄似鱼鳞。
冻水寒伤马，悲风愁杀人。
寸心明白日，千里暗黄尘。

卢照邻（约630—680后），字昇之，自号幽忧子，幽州范阳（治今河北省涿州市）人，其生卒年史无明载，后人有多种说法。卢照邻尤工诗歌骈文，不少佳句传颂不绝，如“得成比目何辞死，愿作鸳鸯不羡仙”等。

长安古意

卢照邻

长安大道连狭斜，青牛白马七香车。
玉辇纵横过主第，金鞭络绎向侯家。
龙衔宝盖承朝日，凤吐流苏带晚霞。
百尺游丝争绕树，一群娇鸟共啼花。
游蜂戏蝶千门侧，碧树银台万种色。
复道交窗作合欢，双阙连甍垂凤翼。
梁家画阁中天起，汉帝金茎云外直。
楼前相望不相知，陌上相逢讵相识？
借问吹箫向紫烟，曾经学舞度芳年。
得成比目何辞死，愿作鸳鸯不羡仙。
比目鸳鸯真可羡，双去双来君不见？
生憎帐额绣孤鸾，好取门帘帖双燕。
双燕双飞绕画梁，罗帷翠被郁金香。
片片行云着蝉翼，纤纤初月上鸦黄。
鸦黄粉白车中出，含娇含态情非一。
妖童宝马铁连钱，娼妇盘龙金屈膝。
御史府中乌夜啼，廷尉门前雀欲栖。
隐隐朱城临玉道，遥遥翠幰没金堤。
挟弹飞鹰杜陵北，探丸借客渭桥西。

俱邀侠客芙蓉剑，共宿娼家桃李蹊。
娼家日暮紫罗裙，清歌一啭口氛氲。
北堂夜夜人如月，南陌朝朝骑似云。
南陌北堂连北里，五剧三条控三市。
弱柳青槐拂地垂，佳气红尘暗天起。
汉代金吾千骑来，翡翠屠苏鹦鹉杯。
罗襦宝带为君解，燕歌赵舞为君开。
别有豪华称将相，转日回天不相让。
意气由来排灌夫，专权判不容萧相。
专权意气本豪雄，青虬紫燕坐春风。
自言歌舞长千载，自谓骄奢凌五公。
节物风光不相待，桑田碧海须臾改。
昔时金阶白玉堂，即今惟见青松在。
寂寂寥寥扬子居，年年岁岁一床书。
独有南山桂花发，飞来飞去袭人裾。

骆宾王（约638—？），字观光，生于义乌（今属浙江），出身寒门，七岁能诗，号称“神童”。

代李敬业传檄天下文

伪临朝武氏者，性非和顺，地实寒微。昔充太宗下陈，尝以更衣入侍。洎乎晚节，秽乱春宫。密隐先帝之私，阴图后庭之嬖。入门见嫉，蛾眉不肯让人；掩袖工谗，狐媚偏能惑主。践元后于翚翟，陷吾君于聚麀。加以虺蜴为心，豺狼成性，近狎邪僻，残害忠良，杀姊屠兄，弑君鸩母。神人之所共嫉，天地之所不容。犹复包藏祸心，窥窃神器。君之爱子，幽之于别宫；贼之宗盟，委之以重任。呜呼！霍子孟之不作，朱虚侯之已亡。燕啄皇孙，知汉祚之将尽；龙漦帝后，识夏庭之遽衰。

骆宾王像

敬业皇唐旧臣，公侯冢子。奉先帝之成业，荷本朝之厚恩。宋微子之兴悲，良有以也；桓君山之流涕，岂徒然哉！是用气愤风云，

志安社稷。因天下之失望，顺宇内之推心。爰举义旗，誓清妖孽。南连百越，北尽三河，铁骑成群，玉轴相接。海陵红粟，仓储之积靡穷；江浦黄旗，匡复之功何远。班声动而北风起，剑气冲而南斗平。喑呜则山岳崩摧，叱咤则风云变色。以此制敌，何敌不摧；以此攻城，何功不克！

公等或家传汉爵，或地协周亲；或膺重寄于爪牙，或受顾命于宣室。言犹在耳，忠岂忘心？一抔之土未干，六尺之孤安在！傥能转祸为福，送往事居，共立勤王之勋，无废旧君之命，凡诸爵赏，同指山河。若其眷恋穷城，徘徊歧路，坐昧先几之兆，必贻后至之诛。请看今日之域中，竟是谁家之天下！移檄州郡，咸使知闻。

于易水送人一绝

此地别燕丹，壮士发冲冠。
昔时人已没，今日水犹寒。

二、盛唐时期

这一时期经济繁荣，国力强盛，唐诗发展至顶峰，题材广阔，流派众多。伟大的浪漫主义诗人李白和伟大的现实主义诗人杜甫，即是这一时期最杰出的代表。他们的诗雄视千古，为一代之冠。在他们的笔下，无论五律七律、五绝七绝、古风歌行皆达到很高的艺术成就，正如韩愈所说："李杜文章在，光焰万丈长。"另有王维、孟浩然为代表的田园诗派和以高适、岑参为代表的边塞诗派。

李白像

（一）浪漫诗派——李白

李白（701—762）。字太白，号青莲居士。其诗风豪放飘逸，想象丰富，语言流转自然，音律和谐多变。他善于从民歌、神话中汲取营养素材，构成其特有的瑰丽绚烂的色彩，是屈原以来积极浪漫主义诗人的新高峰，与杜甫并称"李杜"，是华夏史上最伟大的诗人，人称"诗仙"。

望天门山

天门中断楚江开，碧水东流至此回。
两岸青山相对出，孤帆一片日边来。

侠客行

赵客缦胡缨，吴钩霜雪明。银鞍照白马，飒沓如流星。
十步杀一人，千里不留行。事了拂衣去，深藏身与名。
闲过信陵饮，脱剑膝前横。将炙啖朱亥，持觞劝侯嬴。
三杯吐然诺，五岳倒为轻。眼花耳热后，意气素霓生。
救赵挥金椎，邯郸先震惊。千秋二壮士，烜赫大梁城。
纵死侠骨香，不惭世上英。谁能书阁下，白首太玄经。

将进酒

君不见黄河之水天上来，奔流到海不复回。
君不见高堂明镜悲白发，朝如青丝暮成雪。
人生得意须尽欢，莫使金樽空对月。
天生我材必有用，千金散尽还复来。
烹羊宰牛且为乐，会须一饮三百杯。
岑夫子，丹丘生，将进酒，杯莫停。
与君歌一曲，请君为我倾耳听。
钟鼓馔玉不足贵，但愿长醉不复醒。
古来圣贤皆寂寞，惟有饮者留其名。
陈王昔时宴平乐，斗酒十千恣欢谑。
主人何为言少钱，径须沽取对君酌。
五花马，千金裘，
呼儿将出换美酒，与尔同销万古愁。

（二）现实诗派——杜甫

杜甫(712—770)，字子美，生于巩县（今河南巩义），其祖父杜审言是著名诗人。他青年时期正值“开元盛世”，游历过南起吴、越，北至齐、赵等地。35岁到长安求官，过了10年穷困落拓的生活，最后才得到一个八品小官之职。安史之乱爆发后，长安沦陷，杜甫曾陷城中，后逃出投奔肃宗李亨，任左拾遗。49岁时，弃官携家入川，在成都郊外建草堂定居，由好友严武保荐任过一段检校工部员外郎（因此常被称为杜工部）。流落四川八年，57岁时出川，辗转流徙于湖北、

杜甫像

湖南各地，59 岁时在岳阳附近病逝于一艘小船上。

杜甫诗风老成稳健，倾向于现实主义。他的全部诗作，一方面反映了一个诚实的知识分子一生的遭际，同时也是唐帝国由盛转衰那段历史的真实写照。杜诗又被后人称为“诗史”，即本于此。

秋兴八首（其一）

玉露凋伤枫树林，巫山巫峡气萧森。
江间波浪兼天涌，塞上风云接地阴。
丛菊两开他日泪，孤舟一系故园心。
寒衣处处催刀尺，白帝城高急暮砧。

闻官军收河南河北

剑外忽传收蓟北，初闻涕泪满衣裳。
却看妻子愁何在，漫卷诗书喜欲狂。
白首放歌须纵酒，青春作伴好还乡。
即从巴峡穿巫峡，便下襄阳向洛阳。

兵车行

车辚辚，马萧萧，行人弓箭各在腰。
爷娘妻子走相送，尘埃不见咸阳桥。
牵衣顿足拦道哭，哭声直上干云霄。
道旁过者问行人，行人但云点行频。
或从十五北防河，便至四十西营田；
去时里正与裹头，归来头白还戍边。
边庭流血成海水，武皇开边意未已。
君不闻汉家山东二百州，千村万落生荆杞。
纵有健妇把锄犁，禾生陇亩无东西。
况复秦兵耐苦战，被驱不异犬与鸡。
长者虽有问，役夫敢伸恨？
且如今年冬，未休关西卒。
县官急索租，租税从何出？
信知生男恶，反是生女好；

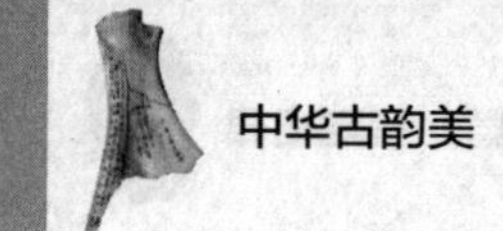

生女犹得嫁比邻，生男埋没随百草！
君不见，青海头，古来白骨无人收。
新鬼烦冤旧鬼哭，天阴雨湿声啾啾。

（三）田园诗派——王维、孟浩然

王维（约701—761），字摩诘，号摩诘居士，世称“王右丞”，唐代河东蒲州（治今山西省永济市蒲州镇）人，祖籍山西祁县。因笃信佛教，有“诗佛”之称。

王维像

王维的大多数诗都是山水田园之作，在描绘自然美景的同时，流露出闲居生活中闲逸的情趣。王维的写景诗篇，常用五律和五绝的形式，篇幅短小，语言精美，音节较为舒缓，用以表现幽静的山水和恬适的心情，尤为相宜。

山居秋暝

空山新雨后，天气晚来秋。
明月松间照，清泉石上流。
竹喧归浣女，莲动下渔舟。
随意春芳歇，王孙自可留。

竹里馆

独坐幽篁里，弹琴复长啸。
深林人不知，明月来相照。

鸟鸣涧

人闲桂花落，夜静春山空。
月出惊山鸟，时鸣春涧中。

孟浩然（689—740），生当盛唐，早年有用世之志，但政治上困顿失意，以隐士终身。他是个洁身自好的人，不乐于趋承逢迎。他耿介不阿的性格和清白高尚的情操，为同时和后世所倾慕。

孟浩然像

闻一多评价孟浩然：正如当时许多有隐士倾向的读书人，

孟浩然原来是为隐居而隐居，为着一个浪漫的理想，为着对古人的一个神圣的默契而隐居。

望洞庭湖赠张丞相

八月湖水平，涵虚混太清。
气蒸云梦泽，波撼岳阳城。
欲济无舟楫，端居耻圣明。
坐观垂钓者，徒有羡鱼情。

耶溪泛舟

落景余清晖，轻桡弄溪渚。
澄明爱水物，临泛何容与。
白首垂钓翁，新妆浣纱女。
相看似相识，脉脉不得语。

（四）边塞诗派——王昌龄、岑参

盛唐是边塞诗创作的鼎盛时期，涌现了著名的边塞诗派。

王昌龄（?—约 756），字少伯。早年贫贱，困于农耕，年近不惑，始中进士。初任秘书省校书郎，又中博学宏辞，授汜水尉，因事贬岭南。开元末返长安，改授江宁丞。被谤谪龙标尉。安史乱起，为刺史闾丘晓所杀。

王昌龄像

王昌龄所作之诗气势雄浑，格调高昂。尤其是将七绝推向高峰，故人称“七绝圣手”。

出塞（其一）

秦时明月汉时关，万里长征人未还。
但使龙城飞将在，不教胡马度阴山。

从军行（其四）

青海长云暗雪山，孤城遥望玉门关。
黄沙百战穿金甲，不破楼兰终不还。

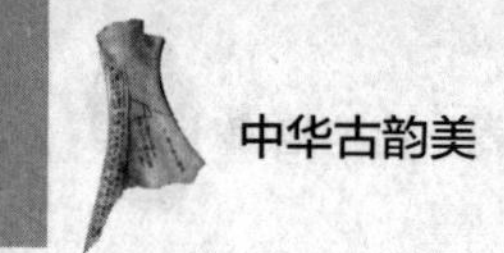

从军行（其六）

胡瓶落膊紫薄汗，碎叶城西秋月团。

明敕星驰封宝剑，辞君一夜取楼兰。

塞下曲

饮马渡秋水，水寒风似刀。

平沙日未没，黯黯见临洮。

昔日长城战，咸言意气高。

黄尘足今古，白骨乱蓬蒿。

岑参（约715—770），江陵（今湖北荆州市荆州区）人。岑参十岁左右父亲去世，家境日趋困顿。他从兄属学，九岁属文。十五岁山居嵩颖，刻苦学习，遍读经史，奠定学业基础。二十岁至长安（今陕西西安），献书求仕无成，奔走京洛，漫游河朔。天宝三载（744），登进士第，授右内率府兵曹参军。天宝八载，充安西四镇节度使高仙芝幕府掌书记，初次出塞，满怀报国壮志，在戎马中开拓前程，但未得意。天宝十载，回长安，与李白、杜甫、高适等同游梁、宋（今河南开封、商丘一带），深受启迪。天宝十三载，又充安西北庭节度副大使封常清判官，再次出塞，报国立功之情更切，边塞诗名作大多成于此时。安史乱起，岑参东归勤王，杜甫等推荐他为右补阙。乾元二年（759）改任起居舍人。不满一个月，贬谪虢州长史。后又任太子中允，虞部、库部郎中，出为嘉州刺史，因此人称“岑嘉州”。罢官后，东归不成，作《招北客文》自悼。客死成都舍。

岑参像

岑参的诗歌富有浪漫主义的特色，气势雄伟，想象丰富，色彩瑰丽，热情奔放，尤其擅长七言歌行。

走马川行奉送封大夫出师西征

君不见走马川行，雪海边，平沙莽莽黄入天。

轮台九月风夜吼，一川碎石大如斗，随风满地石乱走。

匈奴草黄马正肥，金山西见烟尘飞，汉家大将西出师。

将军金甲夜不脱，半夜行军戈相拨，风头如刀面如割。

马毛带雪汗气蒸，五花连钱旋作冰，幕中草檄砚水凝。
虏骑闻之应胆慑，料知短兵不敢接，车师西门伫献捷。

逢入京使

故园东望路漫漫，双袖龙钟泪不干。
马上相逢无纸笔，凭君传语报平安。

碛中作

走马西来欲到天，辞家见月两回圆。
今夜不知何处宿，平沙万里绝人烟。

三、中晚唐时期

唐代中后期，王朝的鼎盛期已过，但诗歌创作仍未衰歇，先后出现了韩愈、柳宗元、张籍、李贺、白居易、元稹、刘禹锡、杜牧、李商隐、温庭筠、杜荀鹤等风格不一的杰出诗人。他们的诗从不同角度反映了唐帝国走向衰落过程中的危机和民间苦难，艺术成就很高，对后世影响也很大。

白居易像

白居易（772—846），字乐天，号香山居士，又号醉吟先生，祖籍山西太原，到其曾祖父时迁居下邽（今陕西渭南），生于河南新郑。他是唐代伟大的现实主义诗人。

长恨歌

汉皇重色思倾国，御宇多年求不得。
杨家有女初长成，养在深闺人未识。
天生丽质难自弃，一朝选在君王侧。
回眸一笑百媚生，六宫粉黛无颜色。
春寒赐浴华清池，温泉水滑洗凝脂。
侍儿扶起娇无力，始是新承恩泽时。
云鬓花颜金步摇，芙蓉帐暖度春宵。
春宵苦短日高起，从此君王不早朝。
承欢侍宴无闲暇，春从春游夜专夜。

后宫佳丽三千人，三千宠爱在一身。
金屋妆成娇侍夜，玉楼宴罢醉和春。
姊妹弟兄皆列土，可怜光彩生门户。
遂令天下父母心，不重生男重生女。
骊宫高处入青云，仙乐风飘处处闻。
缓歌慢舞凝丝竹，尽日君王看不足。
渔阳鼙鼓动地来，惊破霓裳羽衣曲。
九重城阙烟尘生，千乘万骑西南行。
翠华摇摇行复止，西出都门百馀里。
六军不发无奈何，宛转蛾眉马前死。
花钿委地无人收，翠翘金雀玉搔头。
君王掩面救不得，回看血泪相和流。
黄埃散漫风萧索，云栈萦纡登剑阁。
峨嵋山下少人行，旌旗无光日色薄。
蜀江水碧蜀山青，圣主朝朝暮暮情。
行宫见月伤心色，夜雨闻铃肠断声。
天旋地转回龙驭，到此踌躇不能去。
马嵬坡下泥土中，不见玉颜空死处。
君臣相顾尽沾衣，东望都门信马归。
归来池苑皆依旧，太液芙蓉未央柳。
芙蓉如面柳如眉，对此如何不泪垂。
春风桃李花开日，秋雨梧桐叶落时。
西宫南内多秋草，落叶满阶红不扫。
梨园弟子白发新，椒房阿监青娥老。
夕殿萤飞思悄然，孤灯挑尽未成眠。
迟迟钟鼓初长夜，耿耿星河欲曙天。
鸳鸯瓦冷霜华重，翡翠衾寒谁与共？
悠悠生死别经年，魂魄不曾来入梦。
临邛道士鸿都客，能以精诚致魂魄。
为感君王展转思，遂教方士殷勤觅。
排空驭气奔如电，升天入地求之遍。
上穷碧落下黄泉，两处茫茫皆不见。

忽闻海上有仙山，山在虚无缥缈间。
楼阁玲珑五云起，其中绰约多仙子。
中有一人字太真，雪肤花貌参差是。
金阙西厢叩玉扃，转教小玉报双成。
闻道汉家天子使，九华帐里梦魂惊。
揽衣推枕起徘徊，珠箔银屏迤逦开。
云髻半偏新睡觉，花冠不整下堂来。
风吹仙袂飘飖举，犹似霓裳羽衣舞。
玉容寂寞泪阑干，梨花一枝春带雨。
含情凝睇谢君王，一别音容两渺茫。
昭阳殿里恩爱绝，蓬莱宫中日月长。
回头下望人寰处，不见长安见尘雾。
唯将旧物表深情，钿合金钗寄将去。
钗留一股合一扇，钗擘黄金合分钿。
但教心似金钿坚，天上人间会相见。
临别殷勤重寄词，词中有誓两心知。
七月七日长生殿，夜半无人私语时。
在天愿作比翼鸟，在地愿为连理枝。
天长地久有时尽，此恨绵绵无绝期。

卖炭翁

卖炭翁，伐薪烧炭南山中。满面尘灰烟火色，两鬓苍苍十指黑。卖炭得钱何所营？身上衣裳口中食。

可怜身上衣正单，心忧炭贱愿天寒！夜来城外一尺雪，晓驾炭车辗冰辙。

牛困人饥日已高，市南门外泥中歇。翩翩两骑来是谁？黄衣使者白衫儿。

手把文书口称敕，回车叱牛牵向北。一车炭，千余斤，宫使驱将惜不得。

半匹红绡一丈绫，系向牛头充炭直。

李贺（790—816），唐代诗人。字长吉，福昌（今河南宜阳）人。唐皇室远支，家世早已没落，生活困顿，仕途偃蹇。曾官奉礼郎。因避家讳，被迫不得应进士科考试。早岁即工诗，死时仅26岁。其诗长于乐府，多表现政治上不得意的悲愤。善于熔铸词采，驰骋想象，运用神话传说，创造出新奇瑰丽的诗境，在诗史上独树一帜。

李贺像

李凭箜篌引

吴丝蜀桐张高秋，空山凝云颓不流。
江娥啼竹素女愁，李凭中国弹箜篌。
昆山玉碎凤凰叫，芙蓉泣露香兰笑。
十二门前融冷光，二十三丝动紫皇。
女娲炼石补天处，石破天惊逗秋雨。
梦入神山教神妪，老鱼跳波瘦蛟舞。
吴质不眠倚桂树，露脚斜飞湿寒兔。

李商隐（约813—约858），字义山，号玉谿生，原籍怀州河内（今河南省沁阳市）。他擅长诗歌写作，骈文文学价值也很高，是晚唐最出色的诗人之一，和杜牧合称“小李杜”。

李商隐像

锦　瑟

锦瑟无端五十弦，一弦一柱思华年。
庄生晓梦迷蝴蝶，望帝春心托杜鹃。
沧海月明珠有泪，蓝田日暖玉生烟。
此情可待成追忆，只是当时已惘然。

无题二首（其一）

昨夜星辰昨夜风，画楼西畔桂堂东。
身无彩凤双飞翼，心有灵犀一点通。
隔座送钩春酒暖，分曹射覆蜡灯红。
嗟余听鼓应官去，走马兰台类转蓬。

无题四首（其二）

飒飒东风细雨来，芙蓉塘外有轻雷。
金蟾啮锁烧香入，玉虎牵丝汲井回。
贾氏窥帘韩掾少，宓妃留枕魏王才。
春心莫共花争发，一寸相思一寸灰！

贾　生

宣室求贤访逐臣，贾生才调更无伦。
可怜夜半虚前席，不问苍生问鬼神。

杜牧（803—853），字牧之，号樊川居士，京兆万年（今陕西西安）人。

过华清宫绝句三首（其一）

长安回望绣成堆，山顶千门次第开。
一骑红尘妃子笑，无人知是荔枝来。

杜牧像

秋　夕

银烛秋光冷画屏，轻罗小扇扑流萤。
天阶夜色凉如水，坐看牵牛织女星。

遣　怀

落魄江湖载酒行，楚腰纤细掌中轻。
十年一觉扬州梦，赢得青楼薄幸名。

第六节　词

词是继唐诗后的又一种文学体裁，它兼有文学与音乐两方面的特点。每首词都有一个调名，叫作词牌名，依调填词叫依声。词别名长短句。

词的产生、发展，以及创作、流传都与音乐有直接关系。词所配合的音乐是所谓燕乐，又叫宴乐，其主要成分是北周和隋以来由西域胡乐与民间里巷之曲相融而成的一种新型音乐，主要用于娱乐和宴会的演奏，隋代已开始流行。词最初主要流行于民间，《敦煌曲子词集》收录的160多首作品，大多是从盛唐到唐末五代的民间歌曲。大约到中唐时期，诗人张志和、韦应物、白居易、刘禹锡等人开始写词，把这一文体引入了文坛。到晚唐五代时期，文人词有了很大的发展，以晚唐词人温庭筠为代表的“花间派”词人和以李煜、冯延巳为代表的南唐词人的创作，都为词体的成熟和基本抒情风格的建立做出了重要贡献。词终于在诗之外独树一帜，成为中国古代最为突出的文学体裁之一。进入宋代，词的创作逐步蔚为大观，产生了大批成就突出的词人，名篇佳作层出不穷，并出现了各种风格、流派。《全宋词》流传到今天，收录的词作1330多家，将近两万首，从这一数字可以推想当时创作的盛况。词的起源虽早，但发展高峰则是在宋代，因此后人便把词看作宋代最有代表性的文学，与唐代诗歌并列，而有了所谓“唐诗、宋词”的说法。

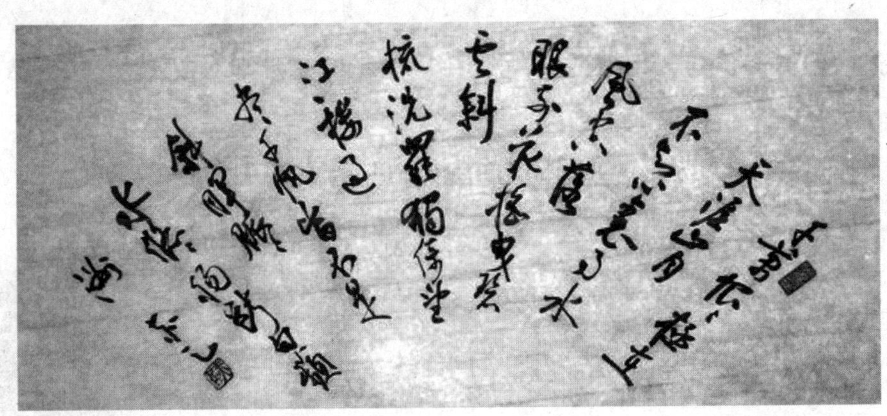

书法温庭筠《梦江南》

一、花间派

“花间派”之名得自于后蜀赵崇祚所编的《花间集》。《花间集》收辑温庭筠、韦庄等18家共500首词。因其作者大多是蜀人，词风近似，因此被称为“花间词派”。

代表人物

温庭筠（？—866），本名岐，字飞卿，太原祁（今山西祁县）人。他文思敏捷，每入试，押官韵，八叉手而成八韵，所以也有“温八叉”之称。温庭筠的诗虽不能和李商隐相比，但由于他精通音律，熟悉词调，他的词的艺术成就在晚唐其他词人之上。温词现传60多首，比之他的诗，这些词的题材更狭窄，绝大多数是描写妇女的容貌、服饰和情态的。

梦江南（二首）

千万恨，恨极在天涯。

山月不知心里事，水风空落眼前花，

摇曳碧云斜。

梳洗罢，独倚望江楼。
过尽千帆皆不是，斜晖脉脉水悠悠，
肠断白蘋洲。

更漏子

玉炉香，红蜡泪，偏照画堂秋思。
眉翠薄，鬓云残，夜长衾枕寒。
梧桐树，三更雨，不道离情正苦。
一叶叶，一声声，空阶滴到明。

韦庄（约836—910），字端己，长安杜陵（今陕西省西安市东南）人。诗人韦应物的四代孙。唐代花间派词人。词风清丽，有《浣花集》流传。曾任前蜀宰相，谥文靖。

韦庄像

菩萨蛮（五首其二）

人人尽说江南好，游人只合江南老。
春水碧于天，画船听雨眠。
垆边人似月，皓腕凝霜雪。
未老莫还乡，还乡须断肠。

思帝乡

春日游，杏花吹满头。
陌上谁家年少足风流？
妾拟将身嫁与一生休。
纵被无情弃，不能羞。

女冠子

四月十七，正是去年今日。别君时。
忍泪佯低面，含羞半敛眉。
不知魂已断，空有梦相随。
除却天边月，没人知。

昨夜夜半，枕上分明梦见。语多时。依旧桃花面，频低柳叶眉。

半羞还半喜，欲去又依依。觉来知是梦，不胜悲。

二、婉约派

婉约词派的特点主要是内容侧重于儿女风情。结构深细缜密，重视音律谐婉，语言圆润，清新绮丽，具有一种柔婉之美。但内容比较狭窄。

由于长期以来词多趋于婉转柔美，人们便形成了以婉约为正宗的观念。如王世贞的《弇州山人词评》就以李后主、柳永、周邦彦等词家为“词之正宗”，正代表了这种看法。婉约词风长期支配词坛，直到南宋姜夔、吴文英、张炎等大批词家，无不从不同的方面受其影响。

代表人物

“愁宗”——李煜

李煜（937—978），南唐后主，961—975年在位，字重光，号钟隐、莲峰居士。彭城（今江苏徐州）人。宋开宝八年（975），宋军破南唐都城，李煜降宋，被俘至开封，封为右千牛卫上将军、违命侯。后因作感怀故国的名词《虞美人》而被宋太宗毒死。李煜虽不通政治，但其艺术才华却非凡。精书法，善绘画，通音律，诗和文均有一定造诣，尤以词的成就最高。

李煜像

虞美人

春花秋月何时了，往事知多少？

小楼昨夜又东风，故国不堪回首月明中。

雕栏玉砌应犹在，只是朱颜改。

问君能有几多愁，恰似一江春水向东流。

破阵子

四十年来家国，三千里地山河。

凤阁龙楼连霄汉，玉树琼枝作烟萝。

几曾识干戈？

一旦归为臣虏，沈腰潘鬓消磨。
最是仓皇辞庙日，教坊犹奏别离歌。
垂泪对宫娥。

相见欢

无言独上西楼，月如钩，
寂寞梧桐深院锁清秋。
剪不断，理还乱，是离愁，
别是一般滋味在心头。

渔　父

一棹春风一叶舟，一纶茧缕一轻钩。
花满渚，酒满瓯，万顷波中得自由。

浪淘沙令

帘外雨潺潺，春意阑珊，罗衾不耐五更寒。
梦里不知身是客，一晌贪欢。
独自莫凭栏，无限江山，别时容易见时难。
流水落花春去也，天上人间。

王国维评价说：“温飞卿之词，句秀也；韦端己之词，骨秀也；李重光之词，神秀也……词至李后主而眼界始大，感慨遂深，遂变伶工之词而为士大夫之词。”

“别恨”——晏殊

晏殊（991—1055），字同叔。北宋抚州临川（今江西抚州）人。著名词人、诗人、散文家、政治家。14 岁时就因才华横溢而被朝廷赐为进士。之后到秘书省做正字，北宋仁宗即位之后，升官做了集贤殿大学士，仁宗至和二年（1055），65 岁时过世。性刚简，自奉清俭。能荐拔人才，范仲淹、欧阳修均出其门下。

蝶恋花

槛菊愁烟兰泣露，罗幕轻寒，燕子双飞去。
明月不谙离恨苦，斜光到晓穿朱户。
昨夜西风凋碧树，独上高楼，望尽天涯路。

欲寄彩笺兼尺素，山长水阔知何处！

清平乐

红笺小字，说尽平生意，
鸿雁在云鱼在水，惆怅此情难寄。
斜阳独倚西楼，遥山恰对帘钩。
人面不知何处，绿波依旧东流。

浣溪沙

一曲新词酒一杯，去年天气旧亭台，
夕阳西下几时回？
无可奈何花落去，似曾相识燕归来。
小园香径独徘徊。

“闺语”——李清照

李清照像

李清照（1084—约1151），字易安，号易安居士，齐州章丘（今属山东）人。宋代（南北宋之交）女词人，婉约词派代表，有“千古第一才女”之称。李清照出身于书香门第，早期生活优裕。其父李格非藏书甚富，她小时候就在良好的家庭环境中打下文学基础。出嫁后与夫赵明诚共同致力于书画金石的搜集整理。金兵入据中原时，流寓南方，境遇孤苦。所作词，前期多写其悠闲生活，后期多悲叹身世，情调感伤。形式上善用白描手法，自辟途径，语言清丽。论词强调协律，崇尚典雅，提出词“别是一家”之说，反对以作诗文之法作词。

如梦令

昨夜雨疏风骤，浓睡不消残酒。
试问卷帘人，却道“海棠依旧”。
知否，知否？
应是绿肥红瘦！

一剪梅

红藕香残玉簟秋，轻解罗裳，独上兰舟。
云中谁寄锦书来？雁字回时，月满西楼。
花自飘零水自流，一种相思，两处闲愁。
此情无计可消除，才下眉头，却上心头。

声声慢

寻寻觅觅，冷冷清清，凄凄惨惨戚戚。
乍暖还寒时候，最难将息。
三杯两盏淡酒，怎敌他、晚来风急？
雁过也，正伤心，却是旧时相识。
满地黄花堆积。憔悴损，如今有谁堪摘？
守着窗儿独自，怎生得黑？
梧桐更兼细雨，到黄昏、点点滴滴。
这次第，怎一个愁字了得！

渔家傲

天接云涛连晓雾。星河欲转千帆舞。
仿佛梦魂归帝所。闻天语，殷勤问我归何处。
我报路长嗟日暮。学诗谩有惊人句。
九万里风鹏正举。风休住，蓬舟吹取三山去！

“情长”——柳永

柳永像

柳永（约987—约1053），北宋著名词人，婉约派创始人物。崇安（今福建武夷山）人，原名三变，字景庄，后改名永，字耆卿，排行第七，又称柳七。宋仁宗朝进士，官至屯田员外郎，故世称柳屯田。他自称“奉旨填词柳三变”，以毕生精力作词，并以“白衣卿相”自诩。其词多描绘城市风光和歌妓生活，尤长于抒写羁旅行役之情，创作慢词独多。铺叙刻画，情景交融，语言通俗，音律谐婉，在当时流传极其广泛，人称“凡有井水处，皆能歌柳词”。婉约派最具代表性的人物之一，对宋词的发展

有重大影响，代表作《雨霖铃》《八声甘州》《凤栖梧》等。

鹤冲天

黄金榜上，偶失龙头望。
明代暂遗贤，如何向？
未遂风云便，争不恣狂荡？
何须论得丧。才子词人，自是白衣卿相。
烟花巷陌，依约丹青屏障。
幸有意中人，堪寻访。
且恁偎红倚翠，风流事，平生畅。
青春都一饷，忍把浮名，换了浅斟低唱。

雨霖铃

寒蝉凄切。对长亭晚，骤雨初歇。
都门帐饮无绪，留恋处、兰舟催发。
执手相看泪眼，竟无语凝噎。
念去去、千里烟波，暮霭沉沉楚天阔。
多情自古伤离别，更那堪冷落清秋节！
今宵酒醒何处？杨柳岸、晓风残月。
此去经年，应是良辰好景虚设。
便纵有千种风情，更与何人说？

八声甘州

对潇潇暮雨洒江天，一番洗清秋。
渐霜风凄紧，关河冷落，残照当楼。
是处红衰翠减，苒苒物华休。
惟有长江水，无语东流。
不忍登高临远，望故乡渺邈，归思难收。
叹年来踪迹，何事苦淹留？
想佳人妆楼颙望，误几回、天际识归舟。
争知我，倚阑干处，正恁凝愁。

蝶恋花

伫倚危楼风细细，望极春愁，黯黯生天际。
草色烟光残照里，无言谁会凭阑意。
拟把疏狂图一醉，对酒当歌，强乐还无味。
衣带渐宽终不悔，为伊消得人憔悴。

其他婉约派词人

欧阳修（1007—1072），字永叔，号醉翁、六一居士，庐陵（今江西吉安）人，北宋政治家、文学家，卒谥文忠。其词基本上沿袭晚唐五代余风，抒情委婉深致，写景清新明丽。

欧阳修像

踏莎行

候馆梅残，溪桥柳细，草薰风暖摇征辔。
离愁渐远渐无穷，迢迢不断如春水。
寸寸柔肠，盈盈粉泪，楼高莫近危阑倚。
平芜尽处是春山，行人更在春山外。

周邦彦（1056—1121），字美成，号清真居士，钱塘（今浙江省杭州市）人。精通音律，曾创作不少新词调。作品多写闺情、羁旅，也有咏物之作。格律谨严，语言曲丽精雅，长调尤善铺叙。为后来格律派词人所宗。作品在婉约词人中长期被尊为“正宗”。旧时词论称他为“词家之冠”或“词中老杜”。

苏幕遮

燎沉香，消溽暑。鸟雀呼晴，侵晓窥檐语。
叶上初阳干宿雨，水面清圆，一一风荷举。
故乡遥，何日去？家住吴门，久作长安旅。
五月渔郎相忆否？小楫轻舟，梦入芙蓉浦。

贺铸像

贺铸(1052—1125)，字方回，号庆湖遗老。卫州（治今河南卫辉)人。自称远祖本居山阴，是唐贺知章后裔，以知章居庆湖(镜湖），故自号庆湖遗老。其词风格多样，皆深于情，工于语。

青玉案

凌波不过横塘路，但目送、芳尘去。
锦瑟华年谁与度？月桥花院，琐窗朱户，只有春知处。
飞云冉冉蘅皋暮，彩笔新题断肠句。
若问闲情都几许？一川烟草，满城风絮，梅子黄时雨。

秦观像

秦观（1049—1100），字少游，又字太虚，号淮海居士。高邮（今属江苏）人，官至太学博士（八品）、国史馆编修。秦观一生坎坷，所写诗词，高古沉重，寄托身世，感人至深。

踏莎行

雾失楼台，月迷津渡。桃源望断无寻处。
可堪孤馆闭春寒，杜鹃声里斜阳暮。
驿寄梅花，鱼传尺素。砌成此恨无重数。
郴江幸自绕郴山，为谁流下潇湘去？

鹊桥仙

纤云弄巧，飞星传恨，银汉迢迢暗度。
金风玉露一相逢，便胜却人间无数。
柔情似水，佳期如梦，忍顾鹊桥归路。
两情若是久长时，又岂在朝朝暮暮！

姜夔像

姜夔（约1155—1209），字尧章，号白石道人。饶州鄱阳（今属江西）人。他少年孤贫，屡试不第，终生未仕，一生转徙江湖。早有文名，颇受杨万里、范成大、辛弃疾等人推赏，以清客身份与张镃等名公巨卿往来。工诗词，精音律，善书法，对词的造诣尤深。

扬州慢

淳熙丙申至日，予过维扬，夜雪初霁，荠麦弥望。入其城则四顾萧条，寒水自碧。暮色渐起，戍角悲吟。予怀怆然，感慨今昔，因自度此曲。千岩老人以为有黍离之悲也。

淮左名都，竹西佳处，解鞍少驻初程。
过春风十里，尽荠麦青青。
自胡马窥江去后，废池乔木，犹厌言兵。
渐黄昏，清角吹寒，都在空城。
杜郎俊赏，算而今、重到须惊。
纵豆蔻词工，青楼梦好，难赋深情。
二十四桥仍在，波心荡、冷月无声。
念桥边红药，年年知为谁生？

三、宋词流派——豪放派

豪放派特点大体是创作视野较为广阔，气象恢宏雄放，喜用诗文的手法、句法写词，语词宏博，用事较多，不拘守音律。

北宋豪放词，主要体现为封建体制下受压抑个体的心灵解放，而南宋的豪放词则将个体的命运与国家民族的命运紧密结合，进一步拓展了词的表现领域，提升了词在文学史上的地位。靖康之变之后，中原沦陷、南宋偏安的社会现实，给南渡词人以极大的刺激，词人纷纷引出悲壮之音，唱出慷慨之声。

代表人物

范仲淹（989—1052），字希文，先邠（今陕西彬县）人，后徙苏州天县（今江苏苏州）。他写有著名的《岳阳楼记》，其中“先天下之忧而忧，后天下之乐而乐”为千古名句。他也留下了众多脍炙人口的词作，如《渔家傲》《苏幕遮》，苍凉豪放、感情强烈，发豪放词之先声，为历代传诵。

范仲淹像

渔家傲

塞下秋来风景异，衡阳雁去无留意。
四面边声连角起。千嶂里，长烟落日孤城闭。
浊酒一杯家万里，燕然未勒归无计。
羌管悠悠霜满地。人不寐，将军白发征夫泪！

苏幕遮

碧云天，黄叶地，秋色连波，波上寒烟翠。

山映斜阳天接水，芳草无情，更在斜阳外。
黯乡魂，追旅思。夜夜除非，好梦留人睡。
明月楼高休独倚。酒入愁肠，化作相思泪。

苏轼（1037—1101），字子瞻，号东坡居士。眉州眉山（今属四川）人。他扩大了词的内容，抒情写景、说理怀古、感事等题材，无一不可入词。苏轼提高了词的意境，扩大和开拓了词境，笔力雄健，个性鲜明，展现出旷达、爽朗的个性。多豪情壮语，意气昂扬，感情奔放，想象丰富奇特。体裁和音律上，苏轼不喜剪裁以就声律，题材丰富，意境开阔，突破晚唐五代和宋初以来“词为艳科”的传统樊篱，以诗入词，对后世产生巨大影响。

苏轼像

江城子·密州出猎

老夫聊发少年狂，左牵黄，右擎苍，锦帽貂裘，千骑卷平冈。
为报倾城随太守，亲射虎，看孙郎。
酒酣胸胆尚开张，鬓微霜，又何妨。持节云中，何日遣冯唐？
会挽雕弓如满月，西北望，射天狼。

水调歌头

丙辰中秋，欢饮达旦，大醉。作此篇，兼怀子由。
明月几时有？把酒问青天。
不知天上宫阙，今夕是何年。
我欲乘风归去，又恐琼楼玉宇，高处不胜寒。
起舞弄清影，何似在人间！
转朱阁，低绮户，照无眠。
不应有恨，何事长向别时圆？
人有悲欢离合，月有阴晴圆缺，此事古难全。
但愿人长久，千里共婵娟。

念奴娇·赤壁怀古

大江东去，浪淘尽，千古风流人物。

故垒西边，人道是，三国周郎赤壁。
乱石穿空，惊涛拍岸，卷起千堆雪。
江山如画，一时多少豪杰！
遥想公瑾当年，小乔初嫁了，雄姿英发。
羽扇纶巾，谈笑间、樯橹灰飞烟灭。
故国神游，多情应笑我、早生华发。
人生如梦，一樽还酹江月。

水龙吟·次韵章质夫杨花词

似花还似非花，也无人惜从教坠。
抛家傍路，思量却是，无情有思。
萦损柔肠，困酣娇眼，欲开还闭。
梦随风万里，寻郎去处，又还被、莺呼起。
不恨此花飞尽，恨西园、落红难缀。
晓来雨过，遗踪何在，一池萍碎。
春色三分，二分尘土，一分流水。
细看来，不是杨花，点点是离人泪。

附：**水龙吟（章楶原韵）**

水龙吟·杨花

燕忙莺懒芳残，正堤上、柳花飘坠。
轻飞乱舞，点画青林，全无才思。
闲趁游丝，静临深院，日长门闭。
傍珠帘散漫，垂垂欲下，依前被、风扶起。
兰帐玉人睡觉，怪春衣、雪沾琼缀。
绣床旋满，香球无数，才圆却碎。
时见蜂儿，仰粘轻粉，鱼吞池水。
望章台路杳，金鞍游荡，有盈盈泪。

辛弃疾像

辛弃疾（1140—1207），字幼安，号稼轩，历城（今山东济南）人。他在词史上的一个重大贡献，就在于他扩大了词的内容，拓宽了词的题材。他现存的600多首词作，写政治，写哲理，写朋友之情、恋人之情，写田园风光、民俗人情，写日常生活、读书感受，可以说，凡当时能写入其他任何文学样式的东西，他都写入词中，范围比苏词还要广泛。而随着内容、题材和感情基调的变化，辛词的艺术风格也有各种变化。虽说他的词主要以雄伟奔放、富有力度见长，但写起婉媚风格的词，却也十分得心应手。

菩萨蛮·书江西造口壁

郁孤台下清江水，中间多少行人泪。
西北望长安，可怜无数山。
青山遮不住，毕竟东流去。
江晚正愁余，山深闻鹧鸪。

此词抒发对建炎年间国事艰危之沉痛追怀，对靖康以来失去国土之深情萦念，故此写儿女柔情之小令，竟为南宋爱国精神深沉凝聚之绝唱。词中运用比兴手法，以眼前景道心上事，达到比兴传统意内言外之极高境界。其眼前景不过是清江水、无数山，心上事则包举家国之悲、今昔之感种种意念，而一并托诸眼前景写出。显有寄托，又难以一一指实。但其主要寓托则可体认，其一怀襟抱亦可领会。此种以全幅意境寓写整个襟抱、运用比兴寄托又未必一一指实之艺术造诣，实为中国美学理想之一体现。全词一片神行又潜气内转，兼有神理高绝与沉郁顿挫之美，在词史上完全可与李太白同调词相媲美。

永遇乐·京口北固亭怀古

千古江山，英雄无觅，孙仲谋处。
舞榭歌台，风流总被，雨打风吹去。
斜阳草树，寻常巷陌，人道寄奴曾住。
想当年，金戈铁马，气吞万里如虎。
元嘉草草，封狼居胥，赢得仓皇北顾。
四十三年，望中犹记，烽火扬州路。
可堪回首，佛狸祠下，一片神鸦社鼓。

凭谁问：廉颇老矣，尚能饭否？

《永遇乐 · 京口北固亭怀古》写于宋宁宗开禧元年（1205），辛弃疾66岁时。当时韩侂胄执政，正积极筹划北伐，闲置已久的辛弃疾于前一年被起用为浙东安抚使，这年春初，又受命担任镇江知府，戍守江防要地京口（今江苏镇江）。从表面看来，朝廷对他很重视，实际上只不过是利用他那主战派元老的招牌作为号召而已。辛弃疾到任后，一方面积极布置军事进攻的准备工作；但另一方面他又清楚地意识到政治斗争的险恶，自身处境的孤危，深感很难有所作为。辛弃疾支持北伐抗金的决策，但是对独揽朝政的韩侂胄轻敌冒进的做法，又感到忧心忡忡，他认为应当做好充分准备，绝不能草率从事，否则难免重蹈覆辙，使北伐再次遭到失败。辛弃疾的意见没有引起南宋当权者的重视。一次他来到京口北固亭，登高眺望，怀古忆昔，心潮澎湃，感慨万千，于是写下了这篇千古传诵的杰作。

摸鱼儿

淳熙己亥，自湖北漕移湖南，同官王正之置酒小山亭，为赋。

更能消、几番风雨？匆匆春又归去。

惜春长怕花开早，何况落红无数。

春且住，见说道、天涯芳草无归路。怨春不语。

算只有殷勤，画檐蛛网，尽日惹飞絮。

长门事，准拟佳期又误。

蛾眉曾有人妒，千金纵买相如赋，脉脉此情谁诉？

君莫舞，君不见、玉环飞燕皆尘土！闲愁最苦。

休去倚危栏，斜阳正在、烟柳断肠处。

这首《摸鱼儿》的内容是热烈的，而外表是婉约的，使热烈的内容与婉约的外表和谐地统一在一首词里，这说明了辛弃疾这位大词人的才能，似乎可以用“肝肠似火，色貌如花”八个字，来作为这首《摸鱼儿》词的评语。

青玉案 · 元夕

东风夜放花千树。更吹落，星如雨。宝马雕车香满路。

凤箫声动，玉壶光转，一夜鱼龙舞。

蛾儿雪柳黄金缕，笑语盈盈暗香去。

众里寻他千百度，蓦然回首，那人却在，灯火阑珊处。

这首词作于1174年或1175年（南宋淳熙元年或二年）。当时，强敌压境，国势日衰，而南宋统治阶级却不思恢复，偏安江左，沉湎于歌舞享乐，以粉饰太平。洞察形势的辛弃疾，欲补天穹，却恨无路请缨。他满腹的激情、哀伤、怨恨，交织成了这幅元夕求索图。

陆游像

陆游（1125—1210），字务观，号放翁，越州山阴（今浙江绍兴）人。其诗存九千余首，词存一百四十五首。他的词风格多样并有自己的特色。有不少词写得清丽缠绵，与宋词中的婉约派比较接近；但是最能体现陆游的身世经历和个性特色的，还是他的那些写得慷慨雄浑、荡漾着爱国激情的词句，如“箭箭雕弓”“壮岁从戎”“当年万里觅封侯”等，都是满怀着一片报国热忱的雄健之作。杨慎谓其纤丽处似秦观，雄慨处似苏轼。

钗头凤

红酥手，黄滕酒，满城春色宫墙柳。
东风恶，欢情薄。
一怀愁绪，几年离索，
错，错，错。
春如旧，人空瘦，泪痕红浥鲛绡透。
桃花落，闲池阁。
山盟虽在，锦书难托，
莫，莫，莫！

陆游在这首词里抒发了爱情遭受摧残后的伤感、内疚和对唐琬的深情爱慕，以及对他母亲棒打鸳鸯的不满情绪。

诉衷情

当年万里觅封侯，匹马戍梁州。
关河梦断何处，尘暗旧貂裘。
胡未灭，鬓先秋，泪空流。
此生谁料，心在天山，身老沧洲。

这首词在结构上不同于一般。一般上下片各占一半，上片写过去，下片写今天。这首词则上片两句写过去，两句写今天。下片句句写今天，而又关合过去。在用语上强烈对比，开合动宕，正好体现作者情绪的激越。词里大量用典，但融合得使人不觉其为典，如“万里封侯”“尘暗貂裘”“心在天山”“沧洲”，这些我们不知是用典，也能理解词意；知道是用典，领会时就会感到分外亲切。这是在语言上值得玩味的地方。

张孝祥像
（秦埙是秦桧的孙子）

张孝祥（1132—1170），字安国，号于湖居士，历阳乌江（今安徽和县东北）人。绍兴二十四年（1154）甲戌状元。因廷试第一，居秦桧孙秦埙之上，登第后即上书为岳飞叫屈，秦桧指使党羽诬其谋反，将其父子投入监狱，秦桧死后方获释。历任校书郎兼国史实录院校勘、权中书舍人、抚州知州、建康留守等职。其词风格豪迈。在建康任上所作《六州歌头》，慷慨激昂，力主抗金的大臣张浚为之感动罢席。

六州歌头

长淮望断，关塞莽然平。
征尘暗，霜风劲，悄边声。黯销凝。
追想当年事，殆天数，非人力；
洙泗上，弦歌地，亦膻腥。
隔水毡乡，落日牛羊下，区脱纵横。
看名王宵猎，骑火一川明。
笳鼓悲鸣，遣人惊。
念腰间箭，匣中剑，空埃蠹，竟何成！
时易失，心徒壮，岁将零。渺神京。
干羽方怀远，静烽燧，且休兵。
冠盖使，纷驰骛，若为情！
闻道中原遗老，常南望、翠葆霓旌。
使行人到此，忠愤气填膺，有泪如倾。

这首词思想深刻，艺术技巧也十分纯熟。张孝祥词作的艺术造诣和豪放风格，用这首词颇能说明。其词感情奔放，如行云流水，一泻如注，富有感人的艺术魅力。宋代《朝野遗记》记载，张孝祥在建康设宴招待张浚等爱国将领，即席命笔，作了这首词，张浚读后连酒也喝不下去了，竟至“罢席而入”。这说明，张孝祥的词道出了爱国人士的心声，因此具有感人至深的力量。清人陈廷焯认为这首词“淋漓痛快，笔饱墨酣，读之令人起舞”（《白雨斋词话》），是十分中肯的评价。

水调歌头·闻采石战胜

雪洗虏尘静，风约楚云留。
何人为写悲壮，吹角古城楼？
湖海平生豪气，关塞如今风景，剪烛看吴钩。
剩喜然犀处，骇浪与天浮。
忆当年，周与谢，富春秋。
小乔初嫁，香囊未解，勋业故优游。
赤壁矶头落照，肥水桥边衰草，渺渺唤人愁。
我欲乘风去，击楫誓中流。

绍兴三十一年（1161）冬，虞允文击溃金主完颜亮的部队于采石矶，这是一次关系到南宋朝廷生死存亡的重要战役，朝野振奋，国人欢呼。张孝祥怀着激动的心情，写了本词。全词闪耀着时代的光彩，将历史人物和历史事实融入词中，自然贴切，舒卷自如。词人壮怀激烈，忧国情深，是一首洋溢着胜利喜悦、抒发了爱国激情的壮词。

刘克庄(1187—1269)，字潜夫，号后村居士，莆田（今属福建）人，初为靖安主簿，后长期游幕于江、浙、闽、粤等地。诗属江湖派，作品数量丰富，内容开阔，多言谈时政、反映民生之作。词深受辛弃疾影响，多豪放之作，散文化、议论化倾向也较突出。

一剪梅

余赴广东，实之①夜饯于风亭。

束缊②宵行十里强。挑得诗囊，抛得衣囊。
天寒路滑马蹄僵。元是王郎，来送刘郎。
酒酣耳热说文章。惊倒邻墙，推倒胡床。
旁观拍手笑疏狂。疏又何妨，狂又何妨！

【注释】①实之：王迈，作者挚友。即词中王郎。　②束缊：捆绑乱麻以为火把。

这首词把一次友人的饯别，写得形象生动，有人物的活动，有情节的发展，很像一出动人的独幕剧。

第七节　元曲

元曲的兴起对于我国民族诗歌的发展、文化的繁荣有着深远的影响和卓越的贡献。元曲一出现就同其他艺术之花一样，立即显示出旺盛的生命力，它不仅是文人咏志抒怀得心应手的工具，而且为反映元代社会生活提供了人民群众喜闻乐见的崭新的艺术形式。

在元代登坛树帜、独领风骚的文学样式是元曲。而人们通常所说的元曲，包括剧曲与散曲。剧曲指的是杂剧的曲辞，它是戏剧这一在舞台上表演的综合艺术的密不可分的组成部分；散曲则是韵文大家族中的新成员，是继诗、词之后兴起的新诗体。在元代文坛上，它与传统的诗、词样式分庭抗礼，代表了元代诗歌创作的最高成就。

代表人物

马致远（约 1251—1321 以后），字千里，号东篱，大都（今北京）人。因《天净沙 · 秋思》而被称为“秋思之祖”。

马致远像

天净沙 · 秋思

枯藤老树昏鸦，
小桥流水人家。
古道西风瘦马。
夕阳西下，
断肠人在天涯。

王国维在《人间词话》评曰：“文章之妙，亦一言蔽之，有境界而已。精品，不可不读；美文，不可不品。一曲《秋思》，心中隐隐作痛，悲泪欲出。”

白朴（1226—1306 后），原名恒，字仁甫，后改名朴、字太素，号兰谷先生。白朴是元代有成就的散曲作家之一。散曲内容大多是叹世、咏景和闺怨之作。曲词秀丽清新，有些小令颇有民歌特点。

天净沙 · 秋

孤村落日残霞，
轻烟老树寒鸦，

一点飞鸿影下。

青山绿水，

白草红叶黄花。

张养浩（1270—1329），字希孟，号云庄，济南人，元代著名散曲家。诗、文兼擅，而以散曲著称。

山坡羊·潼关怀古

峰峦如聚，波涛如怒，

山河表里潼关路。

望西都，意踌躇。

伤心秦汉经行处，

宫阙万间都做了土。

兴，百姓苦；亡，百姓苦。

张养浩像

《山坡羊·潼关怀古》是张养浩晚年的代表作，也是元散曲中思想性、艺术性完美结合的名作和难得的沉重，以深邃的目光，揭示了封建社会里一条颠扑不破的真理——“兴，百姓苦；亡，百姓苦”。

张可久（约1270—约1350），号小山，浙江庆原路（今浙江宁波鄞县）人。张可久在散曲史上居有重要地位。元代前期，散曲家崇尚自然真率，而后期追求则清丽雅正。张可久在这划时代转变中起了重要作用。他力求脱离散曲原有的白描的特色而入于雅正，以丰富多彩而又清丽的风格，自成元代散曲花坛中的奇葩。

卖花声·怀古

美人自刎乌江岸，战火曾烧赤壁山，将军空老玉门关。

伤心秦汉，生民涂炭，读书人一声长叹。

《怀古》是一支咏史之曲，抒发了连年战争造成“生民涂炭”的悲剧情感。张可久在此作中对于项羽、孔明、周瑜和曹操，以及立了安定西域功勋的班超，一概加以否定。因为历史上的战争，归根结底是“英雄”们争夺天下或建功立业的手段，而战火给人民带来的只有灾难。

第八节　现代诗

现代诗也叫“白话诗”，是诗歌的一种，与古典诗歌相对而言，一般不拘于格式和韵律。现代诗的主流是自由体新诗。自由体新诗是五四新文化运动的产物，形式上采用白话，打破了旧体诗的格律束缚，内容上主要是反映新生活，表现新思想。

现代诗的发现可以追溯到清末。当时，一些从西方引进的诗作已开始用白话进行翻译，但是这些作品量不是很大，所以不那么广为人知。现代诗主要流派有尝试派、新月派、现代派、九叶派、朦胧派等。

一、尝试派

中国历史上最早的白话诗歌是胡适 1917 年在《新青年》发表的《白话诗八首》，1918 年刘半农、沈尹默也开始在《新青年》上发表白话诗，中国的现代白话文诗歌从此诞生。

《新青年》封面

代表人物

胡适（1891—1962），字适之。安徽绩溪人。现代著名学者、诗人、历史学家、文学家、哲学家。因提倡文学革命而成为新文化运动的领袖之一。

胡适是我国第一位白话诗人。《尝试集》系中国现代文学史上第一部白话诗集，开新文学运动之风气，是胡适先生里程碑式的著作。《尝试集》充满了矛盾，显示出了从传统诗词中脱胎、蜕变、逐渐寻找、试验新诗形态的艰难过程。

胡适像

蝴　蝶

两个黄蝴蝶，双双飞上天。
不知为什么，一个忽飞还。
剩下那一个，孤单怪可怜。
也无心上天，天上太孤单。

鸽 子

云淡天高，好一片晚秋天气！
有一群鸽子，在空中游戏。
看他们三三两两，
回环来往，
夷犹如意，——
忽地里，翻身映日，白羽衬青天，十分鲜丽！

希 望

我从山中来，带得兰花草，
种在小园中，希望开花好。
一日望三回，望到花时过，
急坏种花人，苞也无一个。
眼见秋天到，移花供在家，
明年春风回，祝汝满盆花。

刘半农（1891—1934），名复，字半农，江苏江阴人。是近现代史上中国著名的文学家、语言学家和教育家。早年参加《新青年》编辑工作。后旅欧留学，获法国国家文学博士学位。1925 年回国，任北京大学教授。所作新诗多描写劳动人民的生活和疾苦，语言通俗。

刘半农像

教我如何不想她

天上飘着些微云，
地上吹着些微风。
啊！
微风吹动了我的头发，
教我如何不想她？

月光恋爱着海洋，
海洋恋爱着月光。
啊！

这般蜜也似的银夜，
教我如何不想她？

水面落花慢慢流，
水底鱼儿慢慢游。
啊！
燕子你说些什么话？
教我如何不想她？

枯树在冷风里摇，
野火在暮色中烧。
啊！
西天还有些儿残霞。
教我如何不想她？

此诗中出现了“她”，在刘半农之前，中国还没有开始使用“她”，刘半农第一个开始使用“她”。“她”字意义非同小可，因为它不仅对白话文的推广起到了重要的作用，与此同时，也让中国的女性在文字上有了一个专有的位置。

沈尹默（1883—1971），原名君默，浙江吴兴（今湖州）人，早年留学日本，后任北京大学教授和北平大学校长。1949年后历任中央文史馆副馆长、上海市人民委员会委员等职务，是第三届全国人大代表。以书法闻名，民国初年，书坛就有“南沈北于（于右任）”之称。

沈尹默像

月 夜

霜风呼呼的吹着，
月光明明的照着。
我和一株顶高的树并排立着，
却没有靠着。

此诗写的是一个冬夜，北风呼啸，寒霜浓重；明月高照，冷气袭人。环境是萧森的，人物是孤独的，正好反映了五四运动之前的一个社会侧面——半封建半殖民地中国的某种社会相。面对这样的人世，这样的处境，诗人表现了独立不倚的坚强性格和奋斗精神：

与高树并排立着，而不是靠着。在严寒下不妥协，在孤独中不退缩，这正显示出五四前夕一代青年的个性觉醒。追求人格独立，追求思想自由和个性解放，进而唤起国人的觉醒、民族的觉醒，乃是那时先进青年的奋斗目标。

二、新月派

代表人物

徐志摩（1897—1931），现代诗人、散文家。原名章垿，字槱森，留学英国时改字志摩。

徐诗字句清新，韵律谐和，比喻新奇，想象丰富，意境优美，神思飘逸，富于变化，并追求艺术形式的整饬、华美，具有鲜明的艺术个性。

徐志摩像

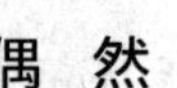

偶 然

我是天空里的一片云，
偶尔投影在你的波心——
你不必惊异，
更无须欢喜——
在转瞬间消灭了踪影。

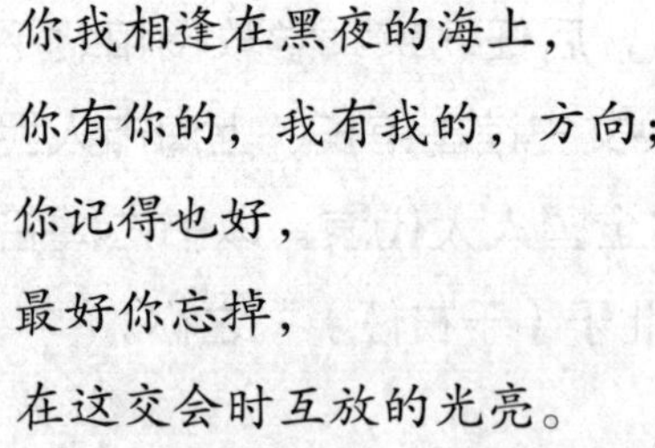

你我相逢在黑夜的海上，
你有你的，我有我的，方向；
你记得也好，
最好你忘掉，
在这交会时互放的光亮。

沙扬娜拉

——致日本女郎

最是那一低头的温柔，
　像一朵水莲花不胜凉风的娇羞，
道一声珍重，道一声珍重，
　那一声珍重里有蜜甜的忧愁——
　沙扬娜拉！

再别康桥

轻轻的我走了，
　正如我轻轻的来；
我轻轻的招手，
　作别西天的云彩。

那河畔的金柳，
　是夕阳中的新娘；
波光里的艳影，
　在我的心头荡漾。

软泥上的青荇，
　油油的在水底招摇；
在康河的柔波里，
　我甘心做一条水草！

那榆荫下的一潭，
　不是清泉，是天上虹；
揉碎在浮藻间，
　沉淀着彩虹似的梦。

寻梦？撑一支长篙，
　向青草更青处漫溯；
满载一船星辉，
　在星辉斑斓里放歌。

但我不能放歌，
　悄悄是别离的笙箫；
夏虫也为我沉默，
　沉默是今晚的康桥！

悄悄的我走了，

正如我悄悄的来；

我挥一挥衣袖，

不带走一片云彩。

《再别康桥》是现代诗人徐志摩脍炙人口的诗篇，是新月派诗歌的代表作品。全诗描述了一幅幅流动的画面，构成了一处处美妙的意境，细致入微地将诗人对康桥的爱恋，对往昔生活的憧憬，对眼前无可奈何的离愁表现得真挚、隽永。

闻一多像

闻一多（1899—1946），原名闻家骅，又名多、亦多、一多，字友三、友山。新月派代表诗人，作品主要收录在《闻一多全集》中。中国现代伟大的爱国主义者，坚定的民主战士，中国民主同盟早期领导人，中国共产党的挚友。他一身正气，积极投身爱国民主运动，1946 年夏在昆明被国民党特务暗杀。

死 水

这是一沟绝望的死水，

清风吹不起半点漪沦。

不如多扔些破铜烂铁，

爽性泼你的剩菜残羹。

也许铜的要绿成翡翠，

铁罐上锈出几瓣桃花。

再让油腻织一层罗绮，

霉菌给他蒸出些云霞。

让死水酵成一沟绿酒，

漂满了珍珠似的白沫；

小珠笑一声变成大珠，

又被偷酒的花蚊咬破。

那么一沟绝望的死水，

也就夸得上几分鲜明。

如果青蛙耐不住寂寞，
又算死水叫出了歌声。

这是一沟绝望的死水，
这里断不是美的所在，
不如让给丑恶来开垦，
看它造出个什么世界。

《死水》采用了象征和反讽的艺术手法，全篇深刻揭露了北洋军阀的黑暗统治，表现了作者与这个黑暗政府势不两立的决心。《死水》的笔触是辛辣而细腻的。

首先，多用反语，即运用绮丽、鲜亮的词语表达诗人极度的憎恨，如“绿成翡翠”“锈出几瓣桃花”“蒸出些云霞”，等等，诗人以自己独特的方式勾勒了黑暗的社会现实，表达与之决裂的态度。

其次，作为新诗格律化的倡导者，诗人竭力身体力行。纵观全诗，共五节，每节四句，每句九字，隔行押韵，每节各押一韵，体式严整，朗读上口，富于韵味。

发　现

我来了，我喊一声，迸着血泪，
“这不是我的中华，不对，不对！”
我来了，因为我听见你叫我；
鞭着时间的罡风，擎一把火。
我来了，不知道是一场空喜。
我会见的是噩梦，哪里是你？
那是恐怖，是噩梦挂着悬崖，
那不是你，那不是我的心爱！
我追问青天，逼迫八面的风，
我问，拳头擂着大地的赤胸。
总问不出消息；我哭着叫你，
呕出一颗心来，——在我心里！

《发现》全诗十二行，格式整齐，富有赤诚和激情，气势磅礴、浓烈鲜明。从表面的发现到心中的发现，在虚中写实，首尾呼应，发现真谛，使全诗最后得到升华。

三、现代派

中国现代派诗群的兴起是新月派和中国早期象征诗派诗歌发展的结果。中国现代派形成的另一个重要原因是《现代》杂志在 1932 年的创刊。作为现代诗歌的平台，《现代》的周围逐渐聚集起一批现代派诗人，代表诗人有戴望舒、卞之琳等。

代表人物

戴望舒（1905—1950），又称“雨巷诗人”，中国现代派象征主义诗人。戴望舒为笔名，取自《离骚》：“前望舒使先驱兮，后飞廉使奔属。”望舒是神话传说中替月亮驾车的天神，美丽温柔，纯洁幽雅，后用作月的代称。取名“望舒”，意在迎取光明。

戴望舒像

雨　巷

撑着油纸伞，独自
彷徨在悠长、悠长
又寂寥的雨巷，
我希望逢着
一个丁香一样地
结着愁怨的姑娘。

她是有
丁香一样的颜色，
丁香一样的芬芳，
丁香一样的忧愁，
在雨中哀怨，
哀怨又彷徨；

她彷徨在这寂寥的雨巷，
撑着油纸伞
像我一样，
像我一样地

默默彳亍着，
冷漠，凄清，又惆怅。

她静默地走近
走近，又投出
太息一般的眼光，
她飘过
像梦一般地，
像梦一般地凄婉迷茫。

像梦中飘过
一枝丁香地，
我身旁飘过这女郎；
她静默地远了，远了，
到了颓圮的篱墙，
走尽这雨巷。

在雨的哀曲里，
消了她的颜色，
散了她的芬芳，
消散了，甚至她的
太息般的眼光，
丁香般的惆怅。

撑着油纸伞，独自
彷徨在悠长，悠长
又寂寥的雨巷，
我希望飘过
一个丁香一样地
结着愁怨的姑娘。

卞之琳（1910—2000），生于江苏海门，祖籍江苏溧水。曾用笔名季陵。诗人、

文学评论家、翻译家。抗战期间在各地任教，曾是徐志摩的学生。

断 章

你站在桥上看风景，
看风景人在楼上看你。

明月装饰了你的窗子，
你装饰了别人的梦。

十月三日

何其芳（1912—1977），原名何永芳。四川省万县（今重庆市万州区）人。何其芳幼年时喜爱中国古代诗词小说，1929 年到上海入中国公学预科学习，阅读了大量新诗。1931—1935 年在北京大学哲学系学习。

何其芳像

秋 天

震落了清晨满披着的露珠，
伐木声丁丁地飘出幽谷。
放下饱食过稻香的镰刀，
用背篓来装竹篱间肥硕的瓜果。
秋天栖息在农家里。

向江面的冷雾撒下圆圆的网，
收起青鳊鱼似的乌桕叶的影子。
芦篷上满载着白霜，
轻轻摇着归泊的小桨。
秋天游戏在渔船上。

草野在蟋蟀声中更寥阔了。
溪水因枯涸见石更清冽了。
牛背上的笛声何处去了，
那满流着夏夜的香与热的笛孔？
秋天梦寐在牧羊女的眼里。

四、九叶派

九叶派是20世纪40年代以《中国新诗》等刊物为中心的另一风格趋向的诗人群（又称“中国新诗派”），代表诗人是辛笛、穆旦、郑敏、杜运燮、陈敬容、杭约赫、唐祈、唐湜、袁可嘉等。

20世纪80年代出版有他们9人的诗歌合集《九叶集》，“九叶派”由此得名。他们大都是校园诗人出身，从战乱中感知人民的希求，重视诗人对社会、历史现象的独特体验；他们深受西方现代主义诗歌的陶冶，力求突破传统的主观抒情的方式，追求现实性、象征性与哲理性的结合，探索诗歌表达的“戏剧性”（主要指诗歌的情思展开以及语言表现都要有矛盾张力，而不是直抒胸臆），让诗歌更深入地表现现代人的思维方式和内心生活的复杂性。

代表人物

辛笛（1912—2004），原名王馨迪。诗人。祖籍江苏淮安，生于天津。1935年毕业于清华大学外文系。1936—1939年，在英国爱丁堡大学英国语文系进修。回国后，任暨南大学、光华大学教授，中华全国文艺界抗敌协会上海分会秘书，中国作家协会上海分会副主席。

航

帆起了
帆向落日的去处
明净与古老
风帆吻着暗色的水
有如黑蝶与白蝶

明月照在当头
青色的蛇
弄着银色的明珠
桅上的人语
风吹过来
水手问起雨和星辰

从日到夜

从夜到日
我们航不出这圆圈
后一个圆
前一个圆
一个永恒
而无涯涘的圆圈

将生命的茫茫
脱卸与茫茫的烟水

一九三四年八月海上

风 景

列车轧在中国的肋骨上
一节接着一节社会问题
比邻而居的是茅屋和田野间的坟
生活距离终点这样近
夏天的土地绿得丰饶自然
兵士的新装黄得旧褪凄惨
惯爱想一路来行过的地方
说不出生疏却是一般的黯淡
瘦的耕牛和更瘦的人
都是病，不是风景！

一九四八年夏在沪杭道上

穆旦（1918—1977），原名查良铮，著名爱国主义诗人、翻译家。出生于天津，祖籍浙江海宁。诗作具有深厚凝重的特点。在外国诗歌翻译方面也有较大成绩。

春

绿色的火焰在草上摇曳，
他渴求着拥抱你，花朵。
反抗着土地，花朵伸出来，
当暖风吹来烦恼，或者欢乐。

穆旦像

如果你是醒了，推开窗子，
看这满园的欲望多么美丽。
蓝天下，为永远的谜蛊惑着的
是我们二十岁的紧闭的肉体，
一如那泥土做成的鸟的歌，
你们被点燃，卷曲又卷曲，却无处归依。
呵，光，影，声，色，都已经赤裸，
痛苦着，等待伸入新的组合。

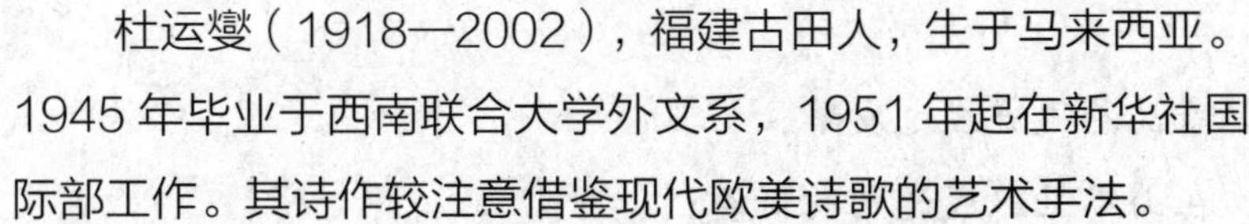

杜运燮（1918—2002），福建古田人，生于马来西亚。1945 年毕业于西南联合大学外文系，1951 年起在新华社国际部工作。其诗作较注意借鉴现代欧美诗歌的艺术手法。

滇缅公路（节选）

路永远使我们兴奋，想纵情歌唱。
这是重要的时刻，胜利就在前方。
看它，风一样有力，航过绿色的田野，
蛇一样轻灵，从茂密的草木间
盘上高山的背脊，飘行在云流中，
俨然在飞机坐舱里，发现新的世界，
而又鹰一样敏捷，画几个优美的圆弧，
降落到箕形的溪谷，倾听村落里
安息前欢愉的匆促，轻烟的朦胧中
洋溢着亲密的呼唤，家庭的温暖，
然后懒散地，沿着水流缓缓走向城市。

秋

连鸽哨都发出成熟的音调，
过去了，那阵雨喧闹的夏季。
不再想那严峻的闷热的考验，
危险游泳中的细节回忆。

经历过春天萌芽的破土，
幼芽成长中的扭曲和受伤，
这些枝条在烈日下也狂热过，
差点在雨夜中迷失方向。

现在，平易的天空没有浮云，
山川明净，视野格外宽远；
智慧、感情都成熟的季节啊，
河水也像是来自更深处的源泉。

紊乱的气流经过发酵，
在山谷里酿成透明的好酒；
吹来的是第几阵秋意？醉人的香味
已把秋花秋叶深深染透。

街树也用红颜色暗示点什么，
自行车的车轮闪射着朝气；
塔吊的长臂在高空指向远方，
秋阳在上面扫描丰收的信息。

杜运燮的《秋》发表之后，因有评论家说该诗朦胧得让人气闷，从此“朦胧”成为诗坛的专用名词，后演变成一个重要诗歌流派。

五、朦胧派

北岛像

朦胧派是20世纪70年代末80年代初出现的诗派。朦胧派诗歌在创作手法上大量使用象征的艺术表达方式，使得诗歌的文学意义充满多样性和不明确性，所以也被人们称为朦胧诗。其代表人物有北岛、舒婷、顾城、江河、杨炼、海子等。

代表人物

北岛（1949— ），原名赵振开，中国当代诗人，为朦胧诗代表人物之一。1979年在《诗刊》发表《回答》，

这是他第一次公开发表作品，从此成为当时最有影响、也最受年轻人喜爱的青年诗人之一。20世纪70年代、80年代之交，是朦胧诗最引人瞩目的时期，也是北岛诗歌创作的高峰期，他这个时期的创作，最突出地表现出一种怀疑和否定的精神，被看作是这一诗歌流派最有代表性的诗人，也是当时最有争议的诗人。

回　答

卑鄙是卑鄙者的通行证，
高尚是高尚者的墓志铭。
看吧，在那镀金的天空中，
飘满了死者弯曲的倒影。

冰川纪过去了，
为什么到处都是冰凌？
好望角发现了，
为什么死海里千帆相竞？

我来到这个世界上，
只带着纸、绳索和身影，
为了在审判之前，
宣读那些被判决的声音。

告诉你吧，世界，
我——不——相——信！
纵使你脚下有一千名挑战者，
那就把我算作第一千零一名。

我不相信天是蓝的，
我不相信雷的回声，
我不相信梦是假的，
我不相信死无报应。

如果海洋注定要决堤，

就让所有的苦水都注入我心中。
如果陆地注定要上升，
就让人类重新选择生存的峰顶。

新的转机和闪闪星斗，
正在缀满没有遮拦的天空，
那是五千年的象形文字，
那是未来人们凝视的眼睛。

1976 年

北岛的《回答》标志着朦胧诗时代的开始。诗中展现了悲愤至极的冷峻，以坚定的口吻表达了对暴力世界的怀疑。诗篇揭露了黑白混淆、是非颠倒的现实，对矛盾重重、险恶丛生的社会发出了愤怒的质疑，并庄严地向世界宣告了“我不相信”。诗中既有直接的抒情和充满哲理的警句，又有大量语意曲折的象征、隐喻、比喻等，使诗作既明快、晓畅，又含蕴丰厚，具有强烈的震撼力。

舒婷像

舒婷（1952— ），中国当代著名女诗人，朦胧诗派的代表人物。原名龚佩瑜，1952 年出生于福建龙溪县石码镇，祖籍福建省泉州市，居住于厦门鼓浪屿。1969 年下乡插队，1972 年返城当工人，1979 年开始发表诗歌作品，1980 年至福建省文联工作，从事专业写作。

致橡树

我如果爱你——
绝不像攀援的凌霄花，
借你的高枝炫耀自己；
我如果爱你——
绝不学痴情的鸟儿，
为绿荫重复单调的歌曲；
也不止像泉源，
常年送来清凉的慰藉；
也不止像险峰，

增加你的高度，
衬托你的威仪。
甚至日光，
甚至春雨。
不，这些都还不够！
我必须是你近旁的一株木棉，
作为树的形象和你站在一起。
根，紧握在地下；
叶，相触在云里。
每一阵风过，
我们都互相致意，
但没有人，
听懂我们的言语。
你有你的铜枝铁干，
像刀，像剑，
也像戟；
我有我红硕的花朵，
像沉重的叹息，
又像英勇的火炬。
我们分担寒潮、风雷、霹雳；
我们共享雾霭、流岚、虹霓。
仿佛永远分离，
却又终身相依。
这才是伟大的爱情，
坚贞就在这里：
爱——
不仅爱你伟岸的身躯，
也爱你坚持的位置，
足下的土地。

1977 年 3 月 27 日

舒婷的诗，构思新颖，富有浓郁的抒情色彩；语言精美，具有鲜明的个人风格。《致橡树》是她的一首优美、深沉的抒情诗。诗人别具一格地选择了“木棉”与“橡树”两个中心意象，将细腻委婉而又深沉刚劲的感情蕴在新颖生动的意象之中。它所表达的爱，不仅是纯真的、炙热的，而且是高尚的、伟大的。它像一支古老而又清新的歌曲，拨动着人们的心弦。

顾城（1956—1993），1956年生于北京。12岁时辍学养猪。“文革”前即开始写诗。1973年开始学画，次年回京在厂桥街道做木工。1977年重新开始写作，并成为朦胧诗派的主要代表诗人。1980年初所在单位解体，失去工作，从此过漂游生活。后辞职隐居激流岛。1992年重访欧美并创作。1993年在其新西兰寓所自杀。

顾城像

一代人

黑夜给了我黑色的眼睛
我却用它寻找光明

海子（1964—1989），原名查海生，生于1964年，安徽怀宁人，自小在农村长大。1979年考入北京大学法律系，大学期间开始诗歌创作。1989年在山海关卧轨自杀，年仅25岁。

面朝大海，春暖花开

从明天起，做一个幸福的人
喂马，劈柴，周游世界
从明天起，关心粮食和蔬菜
我有一所房子面朝大海，春暖花开

海子像

从明天起，和每一个亲人通信
告诉他们我的幸福
那幸福的闪电告诉我的
我将告诉每一个人

给每一条河每一座山取个温暖的名字
陌生人，我也为你祝福
愿你有一个灿烂前程
愿你有情人终成眷属
愿你在尘世获得幸福
我只愿面朝大海，春暖花开

汪国真（1956—2015），出生于北京，祖籍福建厦门，是中国大陆当代著名诗人、书画家，曾任中国艺术研究院文学艺术创作中心主任。

汪国真像

汪国真的诗中不仅仅有青年人的生活和那种明白、晓畅的表达方式，更主要的是一种超然、豁达、平易、恬淡的人生态度。

热爱生命

我不去想是否能够成功
既然选择了远方
便只顾风雨兼程
我不去想能否赢得爱情
既然钟情于玫瑰
就勇敢地吐露真诚
我不去想身后会不会袭来寒风冷雨
既然目标是地平线
留给世界的只能是背影
我不去想未来是平坦还是泥泞
只要热爱生命
一切，都在意料之中

山高路远

呼喊是爆发的沉默
沉默是无声的召唤
不论激越
还是宁静
我祈求
只要不是平淡
如果远方呼唤我
我就走向远方
如果大山召唤我
我就走向大山
双脚磨破
干脆再让夕阳涂抹小路
双手划烂
索性就让荆棘变成杜鹃
没有比脚更长的路
没有比人更高的山

席慕蓉（1943—　　），原名穆伦·席连勃，蒙古族，祖籍内蒙古察哈尔。1949年由内地到香港，1956年入台北师范学校学习，毕业后入台湾师范大学学习。1964年赴比利时布鲁塞尔皇家艺术学校学习。1970年回台湾，任教于新竹范专科学校。她的爱情诗句，总是透着一股淡淡的忧伤，温婉哀怨，令人魂肠愁结、不能释怀。

席慕蓉像

野　风

就这样地俯首道别吧
世间哪有什么真能回头的
河流呢
就如那秋日的草原，相约着
一起枯黄萎去
我们也来相约吧

相约着要把彼此忘记
只有那野风总是不肯停止
总是惶急地在林中
在山道旁　在陌生的街角
在我斑驳的心中扫过
扫过啊，那些纷纷飘落的
如秋叶般的记忆

一棵开花的树

如何让你遇见我，
在我最美丽的时刻。
为这——
我已在佛前求了五百年，
求佛让我们结一段尘缘。
佛于是把我化做一棵树，
长在你必经的路旁。
阳光下，
慎重地开满了花，
朵朵都是我前世的盼望！
当你走近，
请你细听，
那颤抖的叶，
是我等待的热情！
而当你终于无视地走过，
在你身后落了一地的……
朋友啊！
那不是花瓣，
是我凋零的心。

第三篇 哲学常识

第一章　商周时期的政治文化背景

当释迦牟尼超越尘世，犹太先知秉持神性，古希腊哲学家走向思辨时，儒、道、墨、法，先秦诸子竞相争鸣，奏响了我们民族思想史上的华彩乐章。如何治国？如何做人？孔子说：仁。孟子说：义。墨子说：公平正义。杨朱说：我一毛不拔。庄子说：我的人生与你无关。老子说：天地不仁，以万物为刍狗。荀子说：与其怨天尤人，不如奋发图强。韩非子说：仁和人都是靠不住的，霸道才是真王道！

——引自易中天《易中天中华史·百家争鸣》

夏、商、周，合称“三代”，但真正有文字记载的信史，则是从商代开始的。

商代的国家政体是以商王为核心的家族制度，辅之以其他联盟部族、臣服部族首领等。这个政体的中坚分子是商王的亲族。

“天命玄鸟，降而生商。”商代的法制指导思想在夏代奉“天”罚罪法制观的基础上有进一步发展，更加强调“神”尤其是祖先神的作用。在这种天命观的影响下，商人十分迷信鬼神。因此，执行占卜的神职人员——巫、史等，在商代社会生活中占有重要地位。

商代末期，纣王无道，周代而兴起。

西周政权刚刚建立不久，武王姬发即因病而亡，成王姬诵年幼即位，由其叔父周公姬旦摄政。当时，管叔、蔡叔、霍叔作为宗亲诸侯，被封于殷都周围监视殷商遗民，谓之“三监”。他们不满周公摄政，勾结纣王之子武庚及东夷部族发动叛乱。周公毅然平定内乱、率部出师东征，西周政权才得以稳定。面对周初出现的内外叛乱，周公敏锐地意识到，没有一套完善的典章礼仪制度和宗法等级秩序，单靠武力征服或刑罚镇压是不能实现社会安定和国家大治的。为此，他主持进行大规模的立法活动，建立起一套典章礼仪制度与宗法等级秩序。

一、周代的分封制

周代对建国的元老、功臣、亲属和先世的后代等进行大分封。分封的目的是为了加强和巩固西周的统治，“封建亲戚，以蕃屏周”。分封制在周代时期是指周王室把疆域土地划分为诸侯的封建制度。分封的办法是把王畿（首都地区）以外的土地和人民分封给亲属、功臣、元老，建立起诸侯国，以镇守疆土，保卫王室。在分封制下，国家土地不完全是周王室的，而是分别由获得封地的诸侯所有，他们拥有分封土地的所有资源和收益，只需向周王室进贡即可尽义务。诸侯与周王室的关系是：周天子是最高的统治者，诸侯是天子的臣属，必须服从周天子的命令，定期朝见天子，并向天子纳贡，带兵随天子作战。诸侯国像屏障一样拱守在周王室周围，使四方和睦，天下安定。周初，从武王到成王共分封大小 71 个诸侯国。其中主要有：在东方分封了鲁、齐等国；在北方分封了燕等国；在南方分封了吴、楚等国；在中原分封了郑、晋、卫、宋等国。西周成为一个疆域广大的奴隶制国家。

二、周代的宗法制

宗法制度是由父系家长制演变而来的一套族权与政权相结合的统治制度。这是一种以嫡长子继承制为基本特征的权力分配制。宗法制的基本规则，是将每个宗族中的嫡长子一支确立为大宗，居于同宗中的支配地位或主导地位；而把其他庶子分立为小宗，处于大宗的从属地位或次要地位；宗主照例由大宗担任，并且世袭继承。因此，宗法制从产生时起，就是基于确定继承顺序的需要而形成的一种等级制度，以巩固奴隶主的统治。其特点为：

（1）嫡长子继承，其余子分封。

（2）构成了“王臣公，公臣大夫，大夫臣士”的等级制度。

（3）天子、诸侯、卿大夫、士构成统治阶级，士以下的平民和奴隶是被统治阶级。

综合来看，周代实行宗法制原则下的分封制。周天子以“受命于天”自居，号称“天之元子”，是天下同姓宗族的大宗，居于至高无上的绝对支配地位。其王位由嫡长子世袭继承，其他庶子则作为小宗被分封为各地诸侯。各地诸侯在各自封国内又是同姓宗族的大宗，其王位也由嫡长子世袭继承，其余庶子则作为小宗分封为卿大夫。卿大夫在自己的封地里又是同姓宗族的大宗，其封爵仍由嫡长子世袭继承，其他庶子作为小宗分封为士。这样，根据宗法制与分封制，便形成了天子、诸侯、卿大夫、士等各级宗主贵族构成的金字塔式的等级结构。各个等级之间的相互关系，既是大小宗关系，也是上下级关系。每一个等级都必须服从上一个等级，并有义务纳贡、服役等。周天子位居金字塔顶端，不仅是所有姬姓宗族的大宗，而且通过“同姓不婚”“娶于异姓”的联姻原则，又成为有甥舅关系的异姓宗族的共主。于是，宗法等级制度遂成为确立社会等级秩序、维护宗主贵族统治的政治法律工具。

第二章 百家争鸣

第一节 克己复礼——孔子

一、“士”的崛起

（一）西周的分封制和贵族阶层的划分及各阶层特点

“士”阶层是唯一没有土地、田产等固定资产的贵族，而“立嫡”的规则又使得越来越多的“士”沦落为平民。这就使得“士”要去学习更多的知识以便于在大夫、诸侯或天子那里谋取官职。正是这个原因，使得“士”产生了儒士、侠士、辩士、武士等不同的职业。

（二）儒士的最先崛起

儒士的工作主要是：①向贵族传授礼乐知识；②祭祀时的司仪；③诸侯会盟时的外交工作。

强烈的竞争使得大部分儒士没有资格为贵族服务，进而出现向平民传授礼乐知识、为平民主持婚丧嫁娶的现象。这奠定了儒士最先成为教师的基础。

二、孔子生平

孔子（前551—前479），名丘，字仲尼，春秋末期鲁国陬邑（今山东曲阜东南）人。

孔子青年时代曾做过“委吏”“乘田”。

鲁昭公二十年（前522），齐景公出访鲁国时召见了孔子，与他讨论秦穆公称霸的问题，孔子由此结识了齐景公。鲁昭公二十五年（前517），鲁国发生内乱，鲁昭公被迫逃往齐国，孔子也离开鲁国。到了齐国，孔子受到齐景公的赏识，齐景公甚至曾准备把尼溪一带的田地封给孔子，但被大夫晏婴劝阻。

孔子51岁的时候，被任命为中都宰，政绩非常显著；一年后升任司空，后又升任大司寇；56岁时，又升任代理宰相，兼管外交事务。孔子执政仅三个月，鲁国内政外交等各个方面就大有起色，国家实力大增，百姓安居乐业，各守礼法，社会秩序非常好；同时，孔子还通过外交手段，逼迫齐国将在战争中侵略鲁国的大片领地还给了鲁国。孔子杰出的执政能力让齐国倍感威胁，齐国于是用送给鲁哀公美女、良马等让鲁国国君沉溺于酒色中的卑鄙计谋，以此挤走孔子。

孔子离开鲁国后周游列国，虽然大多数时候都受到了国君的礼遇，但由于孔子坚持的政治理想与当时急功近利的“霸道”不相符合，历经十四载而不得重用。于是孔子于公元前 484 年 68 岁时返回鲁国。

政治上的不得意，使孔子将很大一部分精力用在教育事业上。孔子返回鲁国后，专心执教。孔子打破了教育垄断，开创了私学。孔子对后世影响深远，他在世时已被誉为“天纵之圣”“天之木铎”“千古圣人”，是当时社会上最博学者之一，并且被后世尊为“至圣”“万世师表”。

孔子晚年修《诗》《书》，定《礼》《乐》，序《周易》，作《春秋》。

三、周游列国

（一）周游列国路线

周游列国是孔子从 55 岁到 68 岁，带着他的若干亲近弟子，用了十几年的时间，从鲁国出发，大致走了卫国、曹国、宋国、齐国、郑国、晋国、陈国、蔡国、楚国等地。现如今大致路线为：曲阜—濮阳—长垣—商丘—夏邑—淮阳—周口—上蔡—罗山，然后经由陈国、卫国返回鲁国。

（二）“周游列国”大事记

1. 逐于宋

孔子去曹适宋，与弟子习礼大树下。宋司马桓魋欲杀孔子，拔其树。孔子去。弟子曰：“可以速矣。”孔子曰：“天生德于予，桓魋其如予何！”

——《史记・孔子世家》

2. 子见南子

子见南子，子路不说。夫子矢之曰：“予所否者，天厌之！天厌之！”

——《论语・雍也》

灵公夫人有南子者，使人谓孔子曰：“四方之君子不辱欲与寡君为兄弟者，必见寡小君。寡小君愿见。”孔子辞谢，不得已而见之。夫人在絺帷中。孔子入门，北面稽首。夫人自帷中再拜，环佩玉声璆然。孔子曰：“吾乡为弗见，见之礼答焉。”子路不说，孔子矢之曰：“予所不者，天厌之！天厌之！”

——《史记・孔子世家》

3. 困于陈蔡

在陈绝粮，从者病，莫能兴。子路愠见曰：“君子亦有穷乎？”子曰：“君子固穷，小人穷斯滥矣。”

——《论语·卫灵公》

孔子知弟子有愠心，乃召子路而问曰：“《诗》云‘匪兕匪虎，率彼旷野’。吾道非邪？吾何为于此？”子路曰：“意者吾未仁邪？人之不我信也。意者吾未知邪？人之不我行也。”孔子曰：“有是乎！由，譬使仁者而必信，安有伯夷、叔齐？使知者而必行，安有王子比干？”

子路出，子贡入见。孔子曰：“赐，《诗》云‘匪兕匪虎，率彼旷野’。吾道非邪？吾何为于此？”子贡曰：“夫子之道至大也，故天下莫能容夫子。夫子盖少贬焉？”孔子曰：“赐，良农能稼而不能为穑，良工能巧而不能为顺。君子能修其道，纲而纪之，统而理之，而不能为容。今尔不修尔道而求为容，赐，而志不远矣！”

子贡出，颜回入见。孔子曰：“回，《诗》云‘匪兕匪虎，率彼旷野’。吾道非邪？吾何为于此？”颜回曰：“夫子之道至大，故天下莫能容。虽然，夫子推而行之。不容何病，不容然后见君子！夫道之不修也，是吾丑也。夫道既已大修而不用，是有国者之丑也。不容何病，不容然后见君子！”孔子欣然而笑曰：“有是哉颜氏之子！使尔多财，吾为尔宰。”

——《史记·孔子世家》

四、孔子的政治理想

（一）克己复礼

颜渊问仁。子曰：“克己复礼为仁。一日克己复礼，天下归仁焉。为仁由己，而由人乎哉？”

——《论语·颜渊第十二》

（二）为政以德

子曰：“为政以德，譬如北辰居其所而众星共之。”

子曰：“道之以政，齐之以刑，民免而无耻；道之以德，齐之以礼，有耻且格。”

——《论语·为政策二》

五、孔子的教学思想

（一）有教无类

孔子的弟子中代表人物如下：

仲由，国籍不详，字子路，小孔子9岁。好勇力，性伉直。以政事闻名。后死于卫国之乱，被砍作肉浆。孔子大恸，为之不食肉糜。

端木赐，字子贡，卫国人。口才极好。子贡又精通经济，善做生意。每次出使，车仆之盛，

拟于王侯。

颜回，鲁国人，字子渊，小孔子30岁，最为孔子钟爱，并一再褒奖之：“贤哉回也！一箪食，一瓢饮，在陋巷，人不堪其忧，回也不改其乐。”

冉求，鲁国人，字子有，小孔子29岁。是鲁国权臣季氏之管家。有才艺，以政事闻名。

公西赤，字子华，鲁国人。小孔子42岁。束带立朝，娴宾主之仪。

（二）因材施教

子路问：“闻斯行诸？”

子曰：“有父兄在，如之何其闻斯行之？”

冉有问：“闻斯行诸？”

子曰：“闻斯行之。”

公西华曰：“由也问闻斯行诸，子曰，‘有父兄在’；求也问闻斯行诸，子曰‘闻斯行之’。赤也惑，敢问。”

子曰：“求也退，故进之；由也兼人，故退之。”

——《论语·先进第十一》

（三）循循善诱

子路、曾皙、冉有、公西华侍坐。

子曰：“以吾一日长乎尔，毋吾以也。居则曰：‘不吾知也！’如或知尔，则何以哉？”

子路率尔而对曰：“千乘之国，摄乎大国之间，加之以师旅，因之以饥馑；由也为之，比及三年，可使有勇，且知方也。”

夫子哂之。

“求，尔何如？”

对曰：“方六七十，如五六十，求也为之，比及三年，可使足民。如其礼乐，以俟君子。”

“赤，尔何如？”

对曰：“非曰能之，愿学焉。宗庙之事，如会同，端章甫，愿为小相焉。”

“点，尔何如？”

鼓瑟希，铿尔，舍瑟而作，对曰：“异乎三子者之撰。”

子曰：“何伤乎？亦各言其志也。”

曰：“莫春者，春服既成，冠者五六人，童子六七人，浴乎沂，风乎舞雩，咏而归。”

夫子喟然叹曰：“吾与点也！”

三子者出，曾皙后。曾皙曰：“夫三子者之言何如？”

子曰：“亦各言其志也已矣。”

曰：“夫子何哂由也？”

曰："为国以礼，其言不让，是故哂之。"

"唯求则非邦也与？"

"安见方六七十如五六十而非邦也者？"

"唯赤则非邦也与？"

"宗庙会同，非诸侯而何？赤也为之小，孰能为之大？"

——《论语·先进第十一》

六、孔子的教学内容

（一）诗

陈亢问于伯鱼（孔子的儿子，名鲤）曰："子亦有异闻乎？"

对曰："未也。尝独立，鲤趋而过庭。曰：'学诗乎？'对曰：'未也。''不学诗，无以言。'鲤退而学诗。他日，又独立，鲤趋而过庭。曰：'学礼乎？'对曰：'未也。''不学礼，无以立。'鲤退而学礼。闻斯二者。"

陈亢退而喜曰："问一得三，闻诗，闻礼，又闻君子之远其子也。"

——《论语·季氏第十六》

子夏问曰："'巧笑倩兮，美目盼兮，素以为绚兮。'何谓也？"子曰："绘事后素。"

曰："礼后乎？"子曰："起予者商也！始可与言《诗》已矣。"

——《论语·八佾第三》

（二）礼

林放问礼之本。子曰："大哉问！礼，与其奢也，宁俭；丧，与其易也，宁戚。"

——《论语·八佾第三》

有子曰："礼之用，和为贵。先王之道，斯为美；小大由之。有所不行，知和而和，不以礼节之，亦不可行也。"

——《论语·学而第一》

子入太庙，每事问。或曰："孰谓鄹人之子知礼乎？入太庙，每事问。"子闻之，曰："是礼也。"

——《论语·八佾第三》

（三）孝

子曰："事父母几谏，见志不从，又敬不违，劳而不怨。"

子曰："父母在，不远游，游必有方。"

子曰："三年无改于父之道，可谓孝矣。"

子曰："父母之年，不可不知也。一则以喜，一则以惧。"

——《论语·里仁第四》

曾点对子女的教育非常严格。据《孔子家语》载，有一次，曾点叫儿子曾参去瓜地锄草，曾参不小心将一棵瓜苗锄掉。曾点认为其用心不专，便以棍子责罚曾参。由于出手太重，将曾参打昏。当曾参苏醒后，立即退到一边“鼓琴而歌”，以此告诉父亲，作为儿子的他并没有因为被打而忿忿不平。孔子知道此事后说：“小杖则受，大杖则走，今参委身待暴怒，以陷父不义，安得孝乎！”曾参说：“参罪大矣！”

（四）仁

有子曰：“其为人也孝弟，而好犯上者，鲜矣；不好犯上，而好作乱者，未之有也。君子务本，本立而道生。孝弟也者，其为仁之本与！”

——《论语·学而第一》

子曰：“回也，其心三月不违仁，其余则日月至焉而已矣。”

子曰：“知者乐水，仁者乐山。知者动，仁者静。知者乐，仁者寿。”

宰我问曰：“仁者，虽告之曰：‘井有仁焉。’其从之也？”子曰：“何为其然也？君子可逝也，不可陷也；可欺也，不可罔也。”

——《论语·雍也第六》

子曰：“仁远乎哉？我欲仁，斯仁至矣。”

子曰：“若圣与仁，则吾岂敢？抑为之不厌，诲人不倦，则可谓云尔已矣。”公西华曰：“正唯弟子不能学也。”

——《论语·述而第七》

第二节　侠之大者——墨子

墨子（生卒年不详），名翟，春秋战国之际宋国人，一说鲁阳人，一说滕国人。墨子是宋国贵族目夷的后代，生前担任宋国大夫。他是墨家学派的创始人，也是战国时期著名的思想家、教育家、科学家、军事家。

墨子像

墨子是中国历史上唯一一个农民出身的哲学家。墨子创立了墨家学说，墨家在先秦时期影响很大，与儒家并称“显学”。他提出了“兼爱”“非攻”“尚贤”“尚同”“天志”“明鬼”“非命”“非乐”“节葬”“节用”等观点，以兼爱为核心，以节用、尚贤为支点。墨子在战国时期创立了以几何学、物理学、光学为突出成就的一整套科学理论。当时的百家争鸣，有“非儒即墨”之称。墨子死后，墨

家分为相里氏之墨、相夫氏之墨、邓陵氏之墨三个学派。其弟子根据墨子生平事迹的史料，收集其语录，完成了《墨子》一书传世。

一、学术思想

（一）兼爱非攻

墨子的“非命”与“兼爱”之论，和儒家“天命”与“爱有等差”相对立。认为“官无常贵，民无终贱”。要求“饥者得食，寒者得衣，劳者得息”。其中不少具有朴素唯物主义思想。

所谓“兼爱”，包含平等与博爱的意思。墨子要求君臣、父子、兄弟都要在平等的基础上相互友爱，“爱人若爱其身”，并认为社会上出现强执弱、富侮贫、贵傲贱的现象，是因天下人不相爱所致。他反对战争，提倡和平。

（二）天志明鬼

所谓“天志”，就是天有意志，天爱民，君主若违天意就要受天之罚；反之，则会得天之赏。所谓“明鬼”，即认为鬼神不仅存在，而且能对世间的善恶予以赏罚。

（三）尚同尚贤

尚同是要求百姓与天子皆上同于天志，上下一心，实行义政。尚贤则包括选举贤者为官吏，选举贤者为天子国君。墨子认为，国君必须选自国中贤者，而百姓理应在公共行政上对国君有所服从。墨子要求上面了解下情，因为只有这样才能赏善罚暴。墨子要求君主能尚贤使能，提出“官无常贵，民无终贱”的主张。

（四）节用节葬

节用是墨家非常强调的一种观点，他们抨击君主、贵族的奢侈浪费，尤其反对儒家看重的久丧厚葬之俗，认为久丧厚葬无益于社会。认为君主、贵族都应像古代三代圣王一样，过着清廉俭朴的生活。墨子要求墨家弟子在这方面也能身体力行。

（五）非乐

墨子极其反对音乐，甚至有一次出行时，听说车是在向朝歌方向走，立马掉头。他认为音乐虽然动听，但是会影响农民耕种、妇女纺织、大臣处理政务，上不合圣王行事的原则，下不合人民的利益，所以反对音乐。

（六）非命

墨子一方面肯定天有意志，能赏善罚恶，借助外在的人格神服务于他的“兼爱”；另一方面又否定儒家提倡的天命，主张“非命”。认为人的寿夭、贫富和天下的安危及治乱都不是由“命”决定的，只要通过人的积极努力，就可以达到富、贵、安、治的目

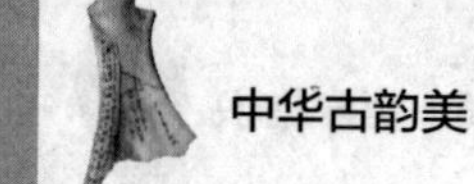

标。墨子反对儒家所说的“生死有命，富贵在天”，认为这种说法“繁饰有命，以教众愚朴人”，对人的创造力有消磨与损伤，所以提出“非命”。

二、军事思想

在墨家整个思想体系中，军事思想占有重要位置。《墨子》军事思想是处于弱者地位的自卫学说，其主要内容有二：一是非攻，反对攻伐掠夺的不义之战；二是救守，支持防守诛讨的正义之战。

（一）非攻：反对攻伐掠夺的不义之战

墨子认为，当时进行的战争均属掠夺性非正义战争，在《非攻》诸篇中，他反复申诉非攻之大义，认为战争是凶事。他说，古者万国，绝大多数在攻战中消亡殆尽，只有极少数国家幸存。这就好比医生医了上万人，仅仅有几人痊愈，这个医生就不配被称为良医，战争同样不是治病良方。历史上好战而亡的统治者不可胜数。这无异于给那些企图通过攻战来开疆拓土吞并天下的人以当头棒喝。所以墨子主张，以德义服天下，以兼爱来消弭祸乱。在墨子眼里，兼爱可以止攻，可以去乱。兼爱是非攻的伦理道德基础，非攻是兼爱的必然结果。

墨子主张非攻，是特指反对当时的“大则攻小也，强则侮弱也，众则贼寡也，诈则欺愚也，贵则傲贱也，富则骄贫也”的掠夺性战争。墨子以是否兼爱为准绳，把战争严格区分为“诛”（诛无道）和“攻”（攻无罪），即正义与非正义两类。“兼爱天下之百姓”的战争，如禹攻三苗、商汤伐桀、武王伐纣，是上中（符合）天之利、中中鬼之利、下中人之利的，因而有天命指示，有鬼神的帮助，分别是正义战争。反之，大攻下、强凌弱、众暴寡、“兼恶天下之百姓”的战争则是非正义的。

（二）救守：支持防守诛讨的正义之战

墨子认为，“惟非攻，是以讲求备御之法”。从“非攻”出发，《墨子》论述了作为弱小国家如何积极防御的问题。墨子深知，光讲道理，大国君主是不会放弃战争的，因而主张“深谋备御”，以积极防御制止以大攻小的侵略战争。这些研究防御作战的论述，集中在《备城门》以下 11 篇，形成了一个以城池防守为核心的防御理论体系，概言之，包括以下三个方面的内容。

一是倡导积极准备，力争做到有备无患。“备者，国之重也；食者，国之宝也；兵者，国之爪也；城者，所以自守也。”“故仓无备粟，不可以待凶饥；库无备兵，虽有义不能征无义；城郭不备全，不可以自守；心无备虑，不可以应卒。”只有在战前进行后勤、城防、军备、外交、内政等物质上和精神上的充分准备，才能占据守城防御战斗中的有利条件和主动地位，赢得防御作战胜利。

二是“守城者以亟伤敌为上”的积极防御指导思想。墨子认为在守城防御中，应守中有攻，积极歼敌。“延日持久以待救之至”，是下策。“亟伤敌”的具体措施是：利用地形、依托城池，正确布置兵力；以国都为中心，形成边城、县邑、国都的多层次纵深防御，层层阻击，消耗敌人；顽强坚守与适时出击结合。

三是在防御作战具体战法方面，提出了一整套防御作战战术原则。《备城门》等篇，墨子通过禽滑厘的询问，对 12 种攻城方法一一对以有效防御。如高临法、水攻法、穴攻法等，都是当时颇为先进的攻城术，墨子对以别具匠心的应对措施，并详细解说守城器械的制作方法、使用技巧等。

墨子防御理论在中国兵学史上占有重要地位。后世有关防御原则和战术的记述，多祖述《墨子》，以至于一切牢固的防御也被笼统称为“墨守”。如果说范蠡是从战略高度提出了朴素的积极防御理论，墨子则更多从作战角度探讨防御，形成了较完备的防御作战理论体系，而这一体系恰好与孙子以进攻为主的作战理论形成互补关系，对传统兵学的发展做出了积极贡献。

三、逻辑学、科学成就

（一）逻辑学成就

墨家是一个相当奇异的流派，除了卓尔不群的行事风格之外，他们的一个副产品，同样名动天下，那就是《墨子》中的《经》上下篇、《经说》上下篇、《大取》、《小取》共六篇。此六篇文字，与古希腊逻辑学、古印度因明学并称为世界古文明三大逻辑体系，被称为“墨辩”。

（二）科学成就

《经》成书的年代比欧几里得的《几何原本》还要早，其涵盖的内容也很丰富。

（1）完整无误地阐述了杠杆原理，短臂叫本，长臂叫标，指出杠杆省力的原因乃“本短标长”。

（2）提倡用滑轮（挈）与斜面（滑车）来帮助提升重物。墨子设计的滑轮系统与英国的“阿特伍德机”极其相似。

（3）在军事器械的设计上巧妙有效。“赣车”乃攻城战车，覆盖有生牛皮，里面可以装载十人，推动它直抵城墙，可以挖掘破坏墙体。“连弩车”，结构极其复杂，一发数十箭，反力甚大。故制造连弩车的木材两端须一尺见方，长度视城墙厚度而定。需十人操作。“籍车”，全车由纯铁打造，一部分埋在地下，由多人操纵，能够投掷炭火、石块等。籍车就是古代的投石机。

（4）《经说》上篇中明确提出，力是物体加速运动的原因，即“力，刑之所以奋也”。

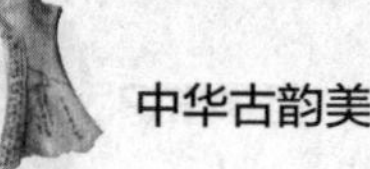

（5）《经说》上篇中指出，力与重力等效，即“力，重之谓”。这种论断与近两千年后伽俐略、牛顿的理论极为接近。

（6）详尽地说明了小孔成像的原理。光线照入小孔同箭的射入一样，即光是直线传播的，从物体高处射入的光线到达壁的下方，从物体低处射入的光线到达壁的上方。

（7）在《经》中，空间是一个与时间密不可分的概念，墨子认为“宇”即“域徙”，即物体运动的区域。2000 多年后，爱因斯坦的相对论为这一理论添上了完美的注脚。

（8）在数学上提出极限概念。

第三节　浩然正气——孟子

孟子（约前372—前289），名轲，字子舆，邹国（今山东邹城市）人。他是孔子之孙孔伋的再传弟子。

孟子是战国时期伟大的思想家、教育家、政治家，儒家学派的代表人物。与孔子并称“孔孟”。

孟子像

政治上，孟子主张法先王、行仁政；学说上，他推崇孔子，反对杨朱、墨翟。孟子继承并发展了孔子的思想，但较之孔子的思想，他又加入自己对儒术的理解。他主张仁政，提出“民贵君轻”的民本思想，游历于齐、宋、滕、魏、鲁等诸国，希望效法孔子推行自己的政治主张，前后历时 20 多年。但孟子的仁政学说被认为是“迂远而阔于事情”，而没有得到实行。最后他退居讲学，和他的学生一起，“序《诗》《书》，述仲尼之意，作《孟子》七篇”。

后世追封孟子为“亚圣公”，尊称其为“亚圣”。其弟子及再传弟子将孟子的言行记录成《孟子》一书，此书属语录体散文集，是孟子的言论汇编。其中的《鱼我所欲也》《得道多助，失道寡助》《生于忧患，死于安乐》和《王顾左右而言他》《寡人之于国也》已编入中学语文教科书中。

一、民本思想

孟子根据战国时期的经验，总结各国治乱兴亡的规律，提出了一个富有民主性精华的著名命题：“民为贵，社稷次之，君为轻。”认为如何对待人民这一问题，对于国家的治乱兴亡，具有极大的重要性。孟子十分重视民心的向背，通过大量历史事例反复阐述这是关乎得天下与失天下的关键问题。

"民为贵，社稷次之，君为轻"意思是说，人民在第一位，国家其次，君在最后。孟子认为君主应以爱护人民为先，为政者要保障人民的权利。孟子赞同若君主无道，人民有权推翻政权。正因此原因，《汉书·艺文志》仅仅把《孟子》放在"诸子略"中，视为子书，没有给予其应有的地位。到五代十国的后蜀时，后蜀君主孟昶命人楷书十一经刻石，其中包括了《孟子》，这可能是《孟子》被列入"经书"的开始。到南宋的孝宗时，朱熹将《孟子》与《论语》《大学》《中庸》合在一起称"四书"，并成为"十三经"之一，《孟子》的地位才被推到了高峰。传说明太祖朱元璋因不满孟子的民本思想，曾命人删节《孟子》中的有关内容。

二、仁政学说

孟子继承和发展了孔子的德治思想，将其发展为仁政学说，作为其政治思想的核心。孟子的政治论，是以仁政为内容的王道，其本质是为封建统治阶级服务的。他把"亲亲""长长"的原则运用于政治，以缓和阶级矛盾，维护封建统治阶级的长远利益。

孟子一方面严格区分了统治者与被统治者的阶级地位，认为"劳心者治人，劳力者治于人"，并且模仿周制拟定了一套从天子到庶人的等级制度；另一方面又把统治者和被统治者的关系比作父母与子女的关系，主张统治者应该像父母一样关心人民的疾苦，人民应该像对待父母一样去亲近、服侍统治者。

仁，据孟子解释，就是"人心"。怎样才算是仁呢？根据《孟子》一书可以概括为：第一，亲民。孟子主张统治者要"与百姓同之""与民同乐"。第二，用贤良。"为天下得人者谓之仁。""尊贤使能，俊杰在位。""贤者在位，能者在职；明其政刑。"第三，尊人权。孟子公开宣扬"民为贵""君为轻"的口号，提倡在一定的范围调和统治者和劳动人民的关系。第四，同情心。要求统治者拿"老吾老以及人之老，幼吾幼以及人之幼"的推恩办法来治民，认为这样做便能得到人民的欢迎和拥护，从而达到"无敌于天下"。第五，杀无道者，也是仁，而且是最大的仁。孟子要求对一切残民以逞的暴君污吏进行严正的谴责，力图把现实的社会发展到"保民而王"的政治轨道上来。

孟子以"仁政"为根本的出发点，创立了一套以"井田"为模式的理想经济方案。提倡"省刑罚、薄税敛""不违农时"等主张。要求封建国家在征收赋税的同时，必须注重生产，发展生产，使人民富裕起来，这样财政收入才有充足的来源。这种思想，是应该肯定的。作为新兴地主阶级的思想家，孟子还提出重农而不抑商理论，改进了传统的"重农抑商"的思想，这种经济观念在当时是进步的。孟子的"井田制"理想，对后世确立限制土地兼并，缓和阶级矛盾的治国理论有着深远的影响及指导意义。

三、易子而教

孟子的教育思想，也是孔子“有教无类”的教育思想的继承和发挥。他们都把全民教育当作实行仁政的手段和目的。一方面，主张“设为庠序学校以教之”（《孟子·滕文公章句上》）加强学校教育；另一方面，要求当政者身体力行，率先垂范。“君仁，莫不仁；君义，莫不义；君正，莫不正。”（《孟子·离娄章句上》）以榜样的力量，教化百姓。教化的目的，就是要百姓“明人伦”，以建立一个“人伦明于上，小民亲于下”（《孟子·滕文公章句上》）的和谐融洽的有人伦秩序的理想社会。

对教育方法的改进，孟子很推崇“易子而教”的传统教育方法。当他的得意门生公孙丑询问有的君子为何不亲自教育自己的儿子时，孟子回答道：“势不行也。教者必以正；以正不行，继之以怒。继之以怒，则反夷矣。……古者易子而教之，父子之间不责善。责善则离，离则不祥莫大焉。”（《孟子·离娄章句上》）父子之间由于感情深厚，父亲对儿子的教育往往不严，对于儿子的一些错误和毛病也因为溺爱和娇惯而放任，从而使正确的教育难以为继。所以，“父子之间不责善”，易子而教，既能从严要求，也能保持父子之间的亲密关系，不伤害感情。

四、道德伦理

孟子把道德规范概括为四种，即仁、义、礼、智。他认为“仁、义、礼、智”是人们与生俱来的东西，不是从客观存在着的外部世界所取得的。同时把人伦关系概括为五种，即“父子有亲，君臣有义，夫妇有别，长幼有序，朋友有信”。孟子认为，仁、义、礼、智四者之中，仁、义最为重要。仁、义的基础是孝、悌，而孝、悌是处理父子和兄弟血缘关系的基本的道德规范。他认为如果每个社会成员都用仁义来处理人与人的各种关系，封建秩序的稳定和天下的统一就有了可靠保证。

孟子提出了性善论的思想。他认为，尽管各个社会成员之间有分工的不同和阶级的差别，但是他们的人性却是同一的。他说：“故凡同类者，举相似也，何独至于人而疑之？圣人与我同类者。”这里，孟子把统治者和被统治者摆在平等的地位，探讨他们所具有的普遍的人性。这种探讨适应于当时奴隶解放和社会变革的历史潮流，标志着人类认识的深化，对伦理思想的发展是一个巨大的推进。